SV

Band 526 der Bibliothek Suhrkamp

Gustaf Gründgens
Wirklichkeit des Theaters

Suhrkamp Verlag

Fotos: Erstes, drittes, viertes Foto Liselotte Strelow.
Zweites Foto Udo Hoffmann, Köln.

Erste Auflage 1977

Druck: Nomos Verlagsgesellschaft, Baden-Baden
Printed in Germany

INHALT

Abbildungen

EINLEITUNG
von
Peter Suhrkamp

Im Februar 1954 ist Gustaf Gründgens zwanzig Jahre Theaterintendant; am 26. Februar 1934 wurde er als kommissarischer Leiter des Schauspielhauses am Gendarmenmarkt zu Berlin berufen.

In diesem Buch sind Aufzeichnungen, Ansprachen, Reden und Vorträge vereinigt, mit welchen er seine Tätigkeit in zwei Jahrzehnten begleitet hat. Sie sind jeweils Wegmarken zur eigenen Orientierung, getragen von dem Bedürfnis, seine Arbeit als Schauspieler, Regisseur und Intendant in ihrer Übereinstimmung: einmal jeweils mit den Realitäten der Zeit, zum anderen mit dem inneren Gesetz seiner Persönlichkeit zu überprüfen. Die äußeren Erfolge, die diesen Weg ständig begleiteten, waren ihm offenbar nicht die ausreichende Bestätigung; dazu bargen die wechselnden Umstände der zwanzig Jahre zu viele und zu verführerische Pseudomächte; außerdem barg das eigene Naturell eine sehr gefährliche Komponente, speziell für jene Jahre.

Es muß jedermann, der den Weg von Gründgens verfolgt hat, aufgefallen sein, daß er in allem und überall auf dem höchsten und gefährlichsten Grat über einem Abgrund agierte. Die Hochspannung der äußersten Grenzsituation – der Gefahr – ist bei Gründgens nicht bloß ein Stimulans für seine künstlerische Produktivität, dann würde sie nicht, wie das der Fall ist, auch in seiner Theaterführung in jedem Moment bestehen; nein, sie liegt in seinem Wesen, und darin tiefer als in einer besonderen Affinität der Nerven. Und immer und überall hatte diese innere Veranlagung ihre Entsprechung in der äußeren Welt, in die Gründgens gestellt war. Nicht, weil er die gefährlichste Position in einer gefahrvollen Zeit suchte, sondern eine gefahrvolle Zeit wählte sich mit ihren äußersten Momenten ihn. Es besteht eine auffällige Symbiose zwischen ihm und einer gefahrvollen Welt. Das ist eine gefährliche Disposition, die Anlage zur echten Tragödie. Darin besteht eine ständige Gefahr zu Katastrophen. Sie wird nur gebannt durch den Kompaß eines untrüglichen Instinkts, solange dieser vorherrscht. Und die Besinnung auf ihn ist eine ständige Notwendigkeit. Aus dieser Wesensspannung rührt die außerordentliche Gespanntheit in allen Bewegungen und in der sprachlichen Diktion des Schauspielers Gründgens her.

Gründgens arbeitet also – in einem anderen Bild ausgedrückt – stets auf dem Hohen Seil, und das ohne Sicherungsnetz. So läßt sich auch am besten der große Anteil des Artistischen, der hohen, äußerst präzisen Technik in der künstlerischen Arbeit begreifen. Die Situation verlangt von ihm in jedem Augenblick umsichtige Wachheit, hohes artistisches Können, äußerste Präzision der Arbeit, haargenaue Reaktion auf alle momentanen Umstände, umfassende Bewußtheit und – bei allem – ein ständiges Gesammeltsein, die Balance in der eigenen Wesensmitte. Man hat Gründgens als einen bewußten und sogar als einen intellektuellen Schauspieler charakterisiert. Das ist nicht ganz falsch, denn Bewußtheit und Intelligenz gehören zum Bestehen der gekennzeichneten Situation, und Gründgens steht fast allein mit der Einsicht, daß die schauspielerische Darstellung eine Kunst sei, die den zähesten Fleiß und die zäheste Mühe erfordert, und in der Erkenntnis, daß sie in unserer Zeit eine äußerst bewußte Kunst sein müsse. Aber das trifft noch nicht den Kern. Wäre er nicht mehr als das, er wäre als Schauspieler und Regisseur längst an seine Grenzen gekommen, und er hätte in unserer Zeit auch längst sein Leben ‚verspielt'. Die Wesensmitte ist mit Worten nicht zu bezeichnen; sie äußert sich kontinuierlich auch in den Aufzeichnungen dieses Buches, und zwar in den sich gleichbleibenden Forderungen in der ersten wie in der letzten, in der Beständigkeit seiner Ideale; und das ist einer der Gründe, weshalb man sie im Buch sammeln mußte.

Die Wegorientierungen von Gustaf Gründgens sind insgesamt außerdem Zeugnisse für den wesentlichen Beitrag, den ein einziger Mann zum Bestand des deutschen Theaters und für seine Einzigartigkeit zu unserer Zeit leistete. Ist es denn so selbstverständlich, daß es dieses Theater in seiner Vielfalt und Einzigartigkeit noch gibt? – Das ist eine ernste Frage; sie wird nur von niemandem gestellt, weil es unser Theater tatsächlich noch gibt und wieder gibt. Das erscheint aber gar nicht so selbstverständlich, wenn man sich die Zeit zwischen 1933 und 1945 vergegenwärtigt; und es ist auch gar nicht so selbstverständlich, daß es, nachdem es am 1. September 1944 durch die Schließung sämtlicher Theater und die Auflösung aller Ensembles zerschlagen war, nach 1945 wieder auflebte und sich sogar nach der Währungsreform von 1948 lebenskräftig behauptete. Die hiesige dichterische Produktion jedenfalls war weder von 1933 bis 1945 noch nach 1945 derart, daß sie die Theater am Leben erhalten hätte. Und wahrscheinlich hätten die Besatzungen nach 1945 nicht ein Theater unterstützt, das zu einem reinen Propagandainstitut wurde. Das Beispiel der Staatstheater in Berlin und – im Anschluß daran – der Kammerspiele in München und des Burgtheaters in Wien hat die übrigen deutschen Theater davor bewahrt, ihre Eigenart völlig zu verleugnen. Gewiß war es nicht Gustaf Gründgens allein. Wäre es aber für Heinz Hilpert, Jürgen Fehling, Otto Falckenberg, Lothar Müthel, um nur die wichtigsten Namen zu nennen, noch möglich gewesen, auf ihre Art weiterzuarbeiten ohne das obstinate Beispiel, das im Schauspielhaus am Gendarmenmarkt vorher gegeben wurde? – An den Arbeiten in diesem Buch sind auch die Gefahren abzulesen, die auf diesem Wege lagen. Um die Situationen, in denen sie entstanden sind, wieder ins Gedächtnis zu rufen, sind diese am Kopf jedes Beitrages jeweils kurz skizziert; diese Notizen in Kursivschrift sind Hinzufügungen des Verlages.

Die Aufzeichnungen in diesem Buch beginnen mit dem Auftreten von Gustaf Gründgens in Berlin. Er kam, neunundzwanzigjährig, 1928 von den Hamburger Kammerspielen zu Max Reinhardt ans Deutsche Theater. In Hamburg hatte er seit 1923 unter Erich Ziegel und mit dessen Frau Mirjam Horwitz gespielt und auch seine ersten Inszenierungen gemacht. Die Hamburger Kammerspiele waren, neben den Münchner Kammerspielen unter Otto Falckenberg, dem Düsseldorfer Schauspielhaus von Luise Dumont und Gustav Lindemann und dem Frankfurter Schauspielhaus unter Carl Zeiß, Pflegestätte des modernen dichterischen Dramas; an diesen Bühnen vor allem sammelten sich die jungen schauspielerischen Begabungen, an jeder gab es einen Kreis junger, der Zukunft verschworener Talente, die, von ihren Meistern geleitet, sich in Freiheit aneinander steigerten und in Ensembles sich entwickelten. Das Ziel ihres Laufes war Berlin und dort entweder Max Reinhardt im Deutschen Theater oder Leopold Jessner im Schauspielhaus am Gendarmenmarkt, die beiden Gipfel in der damaligen deutschen Theaterwelt. Gustaf Gründgens war vorher auch von den Händen der Luise Dumont geformt worden. Nachdem er 1918 in einem Fronttheater in Friedrichsort bei Saarbrücken als Philipp in Ludwig Fuldas Jugendfreunde *zum erstenmal auf der Bühne gestanden hatte, besuchte er 1919/1920 die Dumont-Lindemann-Schule des Düsseldorfer Schauspielhauses. Anschließend war er in Halberstadt und Kiel engagiert. In Kiel spielte er unter Max Alberti zum erstenmal den Mephisto. Gründgens hatte also, bevor er nach Berlin kam, zehn Jahre in der Provinz an Theatern der verschiedensten Stufen gearbeitet.*

DER REGISSEUR

Ein Selbstporträt

Beitrag zu einer Enquête aus dem Jahre 1930. Berliner Schauspieler äußerten sich über ihre Arbeit mit dem Regisseur: Krauß über Reinhardt, Kortner über Jessner, George über Fehling, Klöpfer über Karlheinz Martin. Gründgens schildert, wie er als Schauspieler mit sich selber als Regisseur arbeitet.

Zunächst ist er der Regisseur, mit dem ich am reibungslosesten arbeite; es gibt zwischen uns keine Meinungsverschiedenheiten. Probleme werden nicht erörtert, Auffassungen nicht diskutiert, und Zwistigkeiten weiß er sowieso auf das geschickteste zu vermeiden. Auf den Proben einigt man sich schnell und leicht auf der Basis der deutschen Grammatik. Er verliert auch bei der gesteigertsten Arbeit ungern den Boden der Tatsachen unter den Füßen. Ein Fanatiker der Präzision, ist er ein geschworener Feind alles Zufälligen, Unklaren und Unkontrollierbaren.

Der Zuschauer soll verstehen, was der Schauspieler sagt. Der Schauspieler soll verstehen, was der Dichter sagt, und der Dichter soll verstehen, was er selber sagt.

Es ist die Zeit der Mißverständnisse, und manchmal schon hat jeder jeden so gründlich mißverstanden, daß am Ende ein Erfolg daraus geworden ist. Eindeutigkeit sei heute das wichtigste. Eindeutig wird eine Sache, wenn an ihr alle Beteiligten einer Meinung sind.

Das Erzielen dieser Eindeutigkeit betrachtet er als Hauptaufgabe. Er ist bestrebt, aus Stück und Schauspielern alles herauszuholen, was darin ist; um das zu erreichen, ist ihm jedes Mittel recht, auch das der Verstellung. Beißt einer nur nach vorheriger Komplizierung an, erklärt er ihm seine Rolle bereitwilligst auch an Hand des Pythagoräischen Lehrsatzes.

Wenn er die einfachen und direkt zu Herz und Sinn sprechenden Schauspieler vorzieht, weil er mit ihnen reden kann, wie ihm der Schnabel gewachsen ist, so findet er auch zu den vertrackteren und komplizierteren den richtigen Ton: ich habe zum Beispiel immer ganz gut mit ihm gearbeitet, obwohl ich bestimmt nicht sein schauspielerisches Ideal bin.

ZUR SITUATION DES SCHAUSPIELERS

1932

Die erste Rolle von Gründgens am Deutschen Theater zu Berlin war ein Lebemann in Max Reinhardts Inszenierung von Tolstois Lebendem Leichnam *am 6. September 1928. Danach spielte er am 28. Oktober neben Lucie Höflich und Hans Albers eine Hauptrolle in der sensationellen Aufführung von Ferdinand Bruckners* Verbrechern *unter der Regie von Heinz Hilpert. Im übrigen wurde er in Gesellschaftsstücken beschäftigt. An klassischen Rollen spielte er in den vier Jahren bei Reinhardt lediglich den Orest in Beer-Hofmanns Inszenierung der* Iphigenie *mit Helene Thimig, und den Kalb in* Kabale und Liebe *in Reinhardts Inszenierung.*

Ich will versuchen, ein paar Worte zur Situation des Schauspielers im heutigen Theater an Hand meiner künstlerischen Laufbahn zu sagen.

Ich bin seit zwölf Jahren Schauspieler. Ich spielte zuerst an einer Wanderbühne, dann in einem kleinen Provinztheater, dann in einem größeren Theater, zuletzt in Hamburg. Man gab mir erst kleine Rollen, dann große, in den letzten Jahren führte ich Regie. Alles geschah in stetiger, ruhiger Entwicklung, es gab keinen Stillstand, aber auch keine unnatürliche Überstürzung.

Vor vier Jahren kam ich nach Berlin. Da stellte

sich zunächst einmal heraus, daß meine künstlerische Herkunft für meine Berliner Chance gleichgültig war. In der Provinz geleistete Arbeit war bedeutungslos. Berlin steht für sich und hat keinen Kontakt mit dem Theater im Reich. Nichts nützte mir meine fachliche Bewährung: es ging nicht weiter, es fing von vorn an. Nichtssagende Rollen, unwichtige Inszenierungen: nach dem Abitur zurück in die Sexta. (Diese erzwungene Verleugnung eines bereits erreichten Niveaus ist ein Grund, weshalb so wenige Schauspieler, die in der Provinz erfolgreich waren, sich in Berlin halten können.)

Nach Hamlet und Mephisto, Keith und Spiegelmensch spiele ich fade Lebemänner in dummen Stük-ken, nach Shakespeare und Büchner, Wedekind und Jahnn inszenierte ich Maugham und Lonsdale als bedeutendste Autoren. Mit Erfolgen auf den Nebengebieten meiner eigentlichen Begabung gelang es mir, mich durchzusetzen.

Nun müßte eigentlich die Bahn frei sein. Nach diesem Umweg könnte ich, da ich mich bestätigt habe, da fortfahren, wo ich in Hamburg aufhörte. Aber es stellt sich heraus, daß dem Theater der bisherige Stand meiner Entwicklung genügt und daß es mir darüber hinaus nichts mehr zu bieten hat. Ganz dem Bedarf des Tages hingegeben, nur mit sicheren Faktoren rechnend, stellt man mir immer wieder die gleichen Aufgaben.

Ich habe ein Gesicht bekommen, das genügt.

Aber ich habe nicht mein Gesicht. Alle leidenschaftlichen Versuche, das zu ändern, scheitern ‚an den Verhältnissen'. Inzwischen wird meine Position eine derartige, daß man in der Öffentlichkeit beginnt, mich mit den Stücken, die ich inszenieren muß, zu identifizieren.

Das geht zu weit. Und ich setze mich zur Wehr. Gegen das Theater.

Ich löse einen Vertrag, dessen Erfolge mich diskreditieren. Ich mache mich ungern und gezwungenerweise selbständig, die Theater haben kein Geld, keine Zeit und keine Nerven mehr für systematische Arbeit, wie ich sie gewöhnt bin. Die logische und natürliche Entwicklung ist zerstört. – Ich bin ein Prominenter geworden.

Die Krise des Theaters ist zuerst und zuletzt mit der wirtschaftlichen und geistigen Krise unlösbar verbunden. Und sie wird auch nur im Verein mit ihr behoben werden.

Daneben aber trägt die Weltfremdheit des größten Teils seiner Führer Schuld an dem rapiden Rückgang des Theaters. Halt- und standpunktlose Leiter haben das Theater dem eigentlichen Leben immer mehr entfremdet und es zu einem Tummelplatz diktatorischer Einzelbegabungen gemacht. Wer kann, befreit sich von den Fesseln eines kein Programm und keine Meinung ausdrückenden Vertrages, teils um freie Hand zu haben, teils um sich nicht mit der allgemeinen Planlosigkeit identifizieren zu müssen. Dabei ist keinem dieser ‚Diktatoren‘ wohl in seiner Haut: sicher gibt es nur wenige Schauspieler, die sich durch ihre meist ebenso unfreiwillige wie ungesunde und gefährliche Isolierung so weit vom Wesen des Theaters entfernt haben, daß sie nicht mit Freuden bereit wären, sich wieder einzuordnen, wenn man sie braucht.

Aber wo ist die Gemeinschaft, in die sie sich einordnen sollen? Wo sind die Führer, denen sie sich anvertrauen können? Wo das Theater, das ihnen eine planmäßige Weiterentwicklung gewährleistet?

Versuche, in gemeinsamer Arbeit eine neue Form des Theaters zu finden, werden von den Schauspielern immer wieder gemacht, aber das schauspielerische Genie allein macht das Theater nicht aus.

Dennoch hat der Theaterpraktiker im Augenblick die realsten Werte zu liefern; und es ist sicher kein Zufall, daß immer mehr Regisseure, und zwar vor allem die ausgesprochenen Schauspielerregisseure, die Leitung eines Theaters übernehmen.

In seiner Bibliothek

OPERNREGIE 1932

„Wir strebten nach einer ‚Spiritualisierung' der Oper, nach einer ‚Neuen Romantik', wie sie die Zeit geistig verlangte und ökonomisch diktierte", schrieb Otto Klemperer 1931 in einem Aufsatz über seine Arbeit an der Berliner Kroll-Oper. Klemperer hatte die Kroll-Oper 1927 übernommen. Das Haus war als Volksoper gedacht. Klemperers Plan war das musikalische Theater mit bis ins kleinste musikalisch und szenisch vorbereiteten Aufführungen, die organisatorisch serienweise bis ins kleinste ausgenutzt wurden. Die Organisation der Kroll-Oper als ‚Verbandstheater', im Gegensatz zum Abonnementstheater, ermöglichte die weit häufigeren Wiederholungen desselben Werks. Klemperers Idee war die Oper ‚für alle Tage', die All-Tags-Oper. Als Mitarbeiter verpflichtete er den Dirigenten Zemlinsky aus Prag, den Maler Ewald Dülberg von der Weimarer Kunstschule, den Kunsthistoriker Curjel vom Karlsruher Museum, den Schauspielregisseur und Theaterintendanten Ernst Legal. Jedes Werk wurde vollständig neu einstudiert und neu ausgestattet. —

Nach der Generalprobe von Hoffmanns Erzählungen *im Großen Schauspielhaus ging Gründgens, enttäuscht von der Inszenierung von Max Reinhardt zu diesem und bat ihn um Lösung seines Vertrages. Reinhardt sah in der Situation von Gründgens eine Generationsfrage und zeigte sich in dem Gespräch verständnisvoll und außerordentlich großzügig. Er war damals selbst seiner Berliner Theater müde und neigte dazu, den Angeboten, die aus der ganzen Welt an ihn kamen, als Gastregisseur nachzugeben. Der tiefere Grund, weshalb Gründgens zur Oper drängte, war die Verpflichtung auf Aufführungen, die zunächst keine Willkür des Regisseurs gestatten, vielmehr durch die Partitur nicht nur musikalisch, sondern in jeder Beziehung festgelegt sind.*

Nach seiner Verpflichtung an die Kroll-Oper inszenierte Gründgens 1929 als erstes mit dem Dirigenten Zemlinsky am Pult drei französische Einakter von Milhaud, Ravel und Ibert, danach mit Klemperer 1931 Figaros Hochzeit; *mit einer Vorstellung dieser Inszenierung wurde die Kroll-Oper geschlossen. Mit Klemperer als Dirigenten inszenierte er in der Linden-Oper* Così fan tutte *und den* Rosenkavalier.

Gründgens machte später, auch als Intendant am Gendarmenmarkt, noch gelegentlich Ausflüge in die Oper. Die Aufführung der Zauberflöte *mit Karajan 1938 war ein überragendes künstlerisches Ereignis und ein Markstein in der Opernregie.*

Die so oft schon totgesagte Oper trat im letzten Jahre immer mehr in den Mittelpunkt des deutschen Kunstlebens. Während die Schauspielhäuser veröden, gewinnt die Oper von Premiere zu Premiere ein größeres Publikum. Dieser eigentlich überraschende Erfolg liegt tief in unserer Zeit begründet.

Die Oper ist heute der reinste Ausdruck jenes *l'art pour l'art*, hinter dem der Mensch sich vor dem Tag zu verstecken versucht. Sie lenkt ihn ab, sie erschüttert ihn, sie erhebt ihn – außerhalb seines realen Lebens. Er, der den ganzen Tag gezwungen ist, Stellung zu nehmen: wirtschaftlich, politisch – darf vor einer Oper ungestört seiner Phantasie und seinen Sehnsüchten freien Lauf lassen. Der Theaterabend soll heute keine Fortsetzung eines von Sorgen zerrissenen Tages sein, er soll in eine andere, bessere Welt entführen, deren Sorgen und Kümmernisse den unseren nicht gleichen und zu ihnen wunderbarerweise in gar keiner Beziehung stehen.

Dieses Bedürfnis kann das Schauspiel, dessen Bezauberung sich nicht als stark genug erweist, heute scheinbar nicht mehr erfüllen. Wir sahen es neulich im *Tell*, wo auf einmal die Erinnerung an die Steuererklärung mächtiger wurde als Schiller.

Vor solchen Assoziationen sind wir in der Oper geschützt. Es lassen sich keinerlei Parallelen ziehen, es drängen sich keine unliebsamen Vergleiche mit dem Alltag auf, man wird erst wieder in die Wirklichkeit gerissen, wenn der Vorhang fällt. Die Oper ist völlig irreal und der Urform des Theaters heute am nächsten.

Zu dieser für die Oper glücklichen Konstellation kommt hinzu, daß sie aus ihrer *splendid isolation*, ihrem publikumsfremden Konservativismus heraustrat und außer an den Hörer auch an den Zuschauer zu appellieren versuchte.

Die einseitige Überbetonung des Musikalischen hatte das Szenische im Laufe der Zeit immer mehr ins Hintertreffen kommen lassen. Der Kapellmeister war nicht nur Herr des Orchesters, sondern auch der Szene. Der Erfolg war eine immer intensivere

Ausbildung des rein Gesanglichen, während die Vorgänge auf der Bühne immer dilatorischer behandelt wurden. Während mit gewissenhaftester Werktreue musiziert wurde, behalf man sich im Szenischen mit geradezu kindlichen Mitteln. Man übersah, daß der Durchschnittsbesucher ohne musikalische Bildung sich primitiv an die Vorgänge auf der Bühne hält. Werden ihm diese undeutlich, erlahmt sein Interesse. Er gibt es auf, sich an Hand der Musik zurechtzufinden, und langweilt sich respektvoll bis zum Schluß.

Die neue Entwicklung der Oper setzte mit der Wiederbelebung der Szene ein. Bisher redete man sich in der Opernregie auf einen dekorativen Al-fresco-Stil heraus. Man belebte die Szene von außen – statt aus ihrem inneren Verlauf. Man versuchte Milieu zu geben – statt Handlung. Gab Rokoko – statt Mozart. Die Form der Hüte stimmte wie die Art der Verbeugungen; es wurde nicht versucht, die Vorgänge darzustellen.

Man sah gesungene lebende Bilder.

Der Sinn für das Darstellerische wurde beim Sänger nicht geweckt, und wo natürliche Ansätze vorhanden waren – ich finde sie immer wieder bei einer überraschend großen Zahl –, wurden sie nicht gefördert. Das ging so weit, daß die Sänger nicht mehr die

Situationen ihrer Rollen spielten, sondern nur noch ihre musikalischen Einsätze.

Besser als alle Erklärungen diene folgendes, von mir selbst auf einer meiner ersten Opernproben erlebte Beispiel:

Sänger: Herr Regisseur, bitte sagen Sie mir für den F-dur-Teil noch ein paar Bewegungen.

Regisseur: Ich weiß nicht, welches der F-dur-Teil ist.

Sänger (schon überlegen): Hier oben auf Seite 115.

Regisseur: Meinen Sie die Stelle, wo Sie die Untreue Ihrer Frau erfahren?

Sänger (obstinat): Ja, hier von dem *a* an.

Regisseur (gibt es auf): Kreuzen Sie die Arme über der Brust!

Sänger (sehr überlegen): Die Arme über der Brust?! Herr Regisseur, das ist doch der Pizarro!

Regisseur (erschreckt): Der Pizarro? Was soll das?

Sänger (heiter): Ach, Sie kennen *Fidelio* nicht?

Der Chor (lacht): Der Regisseur kennt *Fidelio* nicht! Er weiß nicht, daß Armeverschränken das angestammte Recht des Pizarro ist. –

Selbstverständlich kann Opernregie nur von der Musik ausgehen. Das Wesentliche ist nur: nicht zu einer gegebenen Situation Gänge und Gebärden zu suchen, sondern aus der gegebenen Situation heraus zu handeln. Es gilt, aus der Musik heraus zu inszenieren und nicht zur Musik passende Arrangements zu finden.

In der Hand der Leute von der Oper liegt heute – wo das Schauspiel versagt – die Aufgabe, das Interesse am ‚lebendigen' Theater wachzuhalten gegen die Übermacht des ‚mechanischen' Theaters, des Tonfilms.

Um so größer ist ihre Verpflichtung, dem Publikum die Aufnahme der Werke durch Verdeutlichung zu erleichtern, der Aufnahmefähigkeit nicht durchgebildeter Opernbesucher durch Konzentrierung behilflich zu sein.

Versteckt euch nicht akademisch hinter den Werken, die ihr interpretiert. Sie sind geschrieben, damit sie gesehen, gehört und verstanden werden.

Vor allem: habt nicht solche Angst vor Strichen! – Der *Faust* ist kein geringeres Werk als der *Ring*, und Shakespeare ist nicht weniger als Mozart. Und doch wird es keinem Menschen einfallen, einen ungestrichenen *Faust* von sieben Stunden Dauer zu spielen. Bemüht euch, uns die Werke eurer großen Komponisten nahezubringen, wenn es sein muß gekürzt, dem spröderen, weniger seßhaften Publikum unserer Zeit angepaßt. Es ist besser und der Sache dienlicher, als sie vor leeren Häusern in mißverstandener Werktreue zu zelebrieren.

REGIE

Vortrag am 26. Januar 1937 in der Kaiser-Wilhelm-Gesellschaft, Berlin

Als der Vortrag 1937 gehalten wurde, war Gustaf Gründgens seit drei Jahren Intendant des Schauspielhauses am Gendarmenmarkt. Nach dem Abgang von Leopold Jessner hatten die Herren in diesem Hause kurzfristig gewechselt: von Januar 1930 bis März 1932 war es Ernst Legal gewesen, dann war ein Interregnum mit dem Schauspieldirektor Albert Patry gefolgt, am 1. März 1933 waren Franz Ulbrich und Hanns Johst, gleichbevollmächtigt, dort eingezogen. Und schon im Dezember geschah das Unerhörte, daß der damalige Preußische Ministerpräsident Göring dem Publikum, das zur Premiere von Johsts Lutherschauspiel Propheten *gekommen war, das Verbot der Aufführung verkünden ließ. Die Tage der Doppelintendanz waren danach gezählt. Im Januar 1934 bereits gab Göring telefonisch an Gründgens den Auftrag, die künstlerische Leitung zu übernehmen. Gründgens lehnte ab. Es folgten Verhandlungen, die sich über vier Wochen hinzogen. Und als ihm alle Freiheiten, die er verlangte, zugesichert wurden, erklärte Gründgens sich bereit, zunächst kommissarisch die Leitung zu übernehmen. Ein halbes Jahr später, als er sicher sein konnte, daß seine Selbständigkeit gewahrt wurde, stimmte er seiner endgültigen Ernennung zu.*

Gründgens war auf dem Umweg über die Oper ans Schauspielhaus gekommen. Im Januar 1932 hatte der Generalintendant der Preußischen Staatstheater, Heinz Tietjen, ihn auch für das Schauspiel verpflichtet und ihm für die Spielzeit 1932-1933 als Rollen Geßler, Gabriel Schilling und Mephisto vertraglich zugesichert. Nur Faust, *kam zustande, der erste Teil im Dezember 1932, der zweite im Januar 1933. Besonders die Aufführung des zweiten Teils wurde eines der seltenen elementaren Theaterereignisse, Gründgens galt von da ab als einer der großen Darsteller klassischer Rollen. Für die Spielzeit 1933/1934 war ihm von Tietjen Hamlet versprochen. Ulbrich und Johst konnten das Versprechen nicht erfüllen. Unter ihrer Ägide spielte Gründgens im Oktober 1933 den Dr. Jura im* Konzert *von Hermann Bahr, im Januar 1934 Friedrich II. in Hermann von Böttichers* Der König *und im Februar 1934 den Fouché in* Hundert Tage *von Mussolini-Forzano. Als Hamlet stand er auf der Bühne des Schauspielhauses am Gendarmenmarkt zum ersten Mal am 21. Januar 1936.*

Ich möchte unter gar keinen Umständen prinzipiell werden, ich möchte mich nicht manifestieren. Und das ist – damit wir uns nicht mißverstehen – nicht etwa Vorsicht oder Unentschlossenheit, es hat mehr mit dem zu tun, was Grabbe sagt: „Weg mit dem Ziel! Nenn es mir nicht, ob ich auch danach ringe. Verwünscht ist der Gedanke, jedes Ziel ist tot. Wohl dem, der ewig strebt. Ja, Heil, Heil ihm, der ewig hungern könnte." Ich möchte Ihnen nicht erzählen, was Regie ist und was Theater. Ich möchte Ihnen nur sagen, wie weit meine persönlichsten Erkenntnisse über meinen Beruf in diesem Augenblick gediehen sind, und eine der meinigen entgegengesetzte Auffassung von Regie und Theater sagt zunächst weder gegen mich noch gegen den Vertreter dieser Auffassung auch nur das geringste, dagegen alles für die Vielfalt und Unermeßlichkeit der Sache, der ich dienen darf, nämlich der Kunst.

Ich gebe Ihnen die Versicherung: ich habe niemals darüber nachgedacht, was Regie ist: ich habe Regie geführt. Erst bei der Zusammenstellung dieses kleinen Vortrages fiel mir ein, daß darin wahrscheinlich schon meine Auffassung von Regie liegt. Jedenfalls gehöre ich nicht zu jenen Regisseuren, die am Schreibtisch oder über ihrem Regiebuch gestalten können und deren schöpferische Arbeit in wochen-, oft monatelangen Vorbereitungen besteht, deren Resultat ein bis ins kleinste ausgeführtes Regiebuch ist. Im Gegensatz zu diesen macht mich erst die praktische Arbeit auf der Bühne wirklich produktiv.

Also: ich denke nicht viel nach, wenn ich arbeite, oder besser gesagt, ich denke nicht viel vor, ehe ich anfange zu arbeiten. Es ist mir aber fast unmöglich, von dem ersten Eindruck, den ein Werk beim Kennenlernen auf mich macht, wieder abzukommen. Und das geht bei Stücken, deren künstlerische Absicht mir besonders entgegenkommt, so weit, daß ich gleich eine optische Vorstellung davon habe, von der ich ebenfalls nicht mehr abkomme, das heißt: ich sehe die eine Szene auf der linken Seite der Bühne spielen, ich sehe auf der rechten Seite einen Tisch und einen Stuhl. Ich bin, möchte ich sagen, der Sklave meiner ersten Vorstellung von dem zu inszenierenden Stück, die sich wohl verdichtet und vertieft, von der ich aber nicht mehr ab kann. Und das mag unter Umständen ein Fehler sein und dürfte keineswegs zum Prinzip erhoben werden. Mich jedenfalls bewahrt es – und das ist für meine Arbeit wohl das Entscheidende – vor allem Überlegen und Suchen, Tasten und Schwanken und Ausprobieren der einen oder der anderen Stilform oder Rollenauffassung. Es ist sicher, daß manche Dichtungen nicht so unmittelbar auf mich wirken, wie ich es eben zu schildern versucht habe. Aber wenn diese Wirkung nicht eintritt, inszeniere ich ein Werk nicht. Eigentlich ist mit dem Entschluß, ein Stück zu inszenieren, die Hauptarbeit geleistet, denn nun entwickelt sich alles fast automatisch. Jede Kritik dem Werk gegenüber hat aufgehört und ist der zärtlichen Fürsorge gewichen, die mich seine Stärke hervorheben und seine Schwächen überbrücken läßt.

Ich mache keine Regiebücher. Ich lasse das gedruckte Werk mit weißen Seiten durchschießen und einbinden, und es ist eine große Freude für mich, wenn es so, im Umfang verdoppelt und mit dem sachlichen Einband, den die Bibliothek des Staatstheaters den von ihr betreuten Büchern gibt, vor mir liegt. Aber wirklich in das Buch hineinschauen, das tu ich dann nicht mehr. Wenn ich es dann – gewöhnlich auf der dritten oder vierten Probe – verloren habe, bin ich eigentlich ganz froh. Denn nun hat sich das Werk von seiner Buchform ganz gelöst, und ich lerne es in der Form, für die es gedacht ist – nämlich durch Schauspieler gesprochen, auf der Bühne dargestellt – neu kennen.

Die wesentlichen Striche mache ich gleich bei der ersten Lektüre. Alles Weitere ergibt die praktische Arbeit auf der Bühne.

Meine Vorbesprechungen mit den Bühnenbildnern sind von einer bedauerlichen Dürftigkeit und Kürze. Ich erzähle ihnen meistens zwischen Tür und Angel, daß ich dieses Stück inszenieren will, ich erzähle ihnen von der Wirkung, die das Stück auf mich gemacht hat. Ich sage auch: ich sehe das Bühnenbild schwer oder streng, hell oder dunkel, das spielt in viel Holz oder da ist viel Himmel, und sage noch: im zweiten Bild muß ich links eine Treppe haben, im vorletzten Bild brauche ich einen ganz kleinen Raum, in dem letzten muß die Bühne so groß wie möglich sein, und alle Auftritte müssen von rechts kommen. – Aber große Besprechungen müssen sie von mir erpressen, wenn sie sie haben wollen. Scheinbar genügen diese kurzen Gespräche, denn nach einigen Skizzen und einigen ebenso kurzen Besprechungen, die mir lästig sind wie alles Theoretisieren, stehen dann gewöhnlich die Modelle der Bühnenbilder da, die, bis ins kleinste ausgeführt, dann auch sofort in Arbeit gegeben werden. Das Entscheidende bei diesem ganzen Arbeitsprogramm, das wirklich nicht beispielhaft sein soll, ist aber, daß ich weiß, wer meine Bühnenbildner sind, daß ich sie und ihre Möglichkeiten genau kenne und daß in der Zuerteilung des Auftrages an den einen oder anderen eigentlich schon meine Auffassung von dem Werk zum Ausdruck kommt.

Dasselbe gilt auch von der Besetzung eines Stückes. Sechzig Prozent der schöpferischen Regie sind mit der Besetzung bereits geleistet. Ich kenne auch meine Schauspieler und glaube zu wissen, was aus ihnen herauszuholen ist. Und damit, daß gerade dieser eine diese eine Rolle spielt, drückt sich meine Auffassung – ein Wort, das ich in diesem Zusammenhang gern vermieden hätte – schon aus.

Mit Beginn der Proben beginnt auch meine glücklichste Zeit im Theater, nämlich die der praktischen Arbeit. Immer wieder ist mir meine Bühne neu, immer wieder sind mir meine Schauspieler neu, und am überraschendsten ist mir das Stück, das wir gerade zusammen probieren. Während der Arbeit auf der

Bühne habe ich keine persönliche Auffassung mehr, sondern ich suche mit allen Mitteln aus dem Zu-sammenhang von Werk, Zeit und Schauspielern das Bestmögliche herauszuholen. Es läßt mich nicht mehr los bis zu dem Augenblick, in dem das Beste, was ich vermag, erreicht ist. Ich bin, wie ich Ihnen schon sagte, in diesen Tagen sehr glücklich: glück-lich, wenn es vorwärtsgeht, glücklich, wenn Schwie-rigkeiten auftauchen, die es zu beseitigen gilt, glück-lich, wenn ich mit meinen Schauspielern dem Stück immer weiter auf die Spur komme, mir seine Dra-maturgie zu eigen mache, den ihm gemäßen Stil, seine Maske und Bewegung finde und die Schau-spieler auf diese mit ihnen gemeinsam gefundene Aus-drucksform eindeutig festlege und sie sicher mache, – glücklich, wenn zum erstenmal die Dekoration steht, glücklich, wenn zum erstenmal Masken und Kostüme dazukommen, und glücklich, wenn ich allein im dunklen Zuschauerraum sitze, der Vor-hang sich hebt und das Werk an mir vorüberzieht. Alles, was danach kommt, ist für mich viel weniger erfreulich: schon die Generalprobe, die einige Leute sehen, und dann vor allen Dingen die Premiere, die viele Leute sehen. So sehr ich es vorher gewußt habe, klar bewußt wird es mir erst in diesem Augenblick, daß wir zur Schau spielen, daß Zu-Schauer da sind – und die drei Stunden einer Premiere sind für mich eine Folter. Ich kann ja nichts mehr tun. Ich kann meinen Kollegen Mut machen, ich kann selber auch prüfen, ob alles, was an Technischem getan werden konnte, getan worden ist. Aber nun muß diese Arbeit ohne mich leben. Ich darf nicht mehr hinaufrufen: „Halt! – Diese Stelle noch einmal!“ –, ich kann nicht mehr sagen: „Das Licht auf der rechten Seite etwas stärker!“ – Ich bin überflüssig geworden. Ich beneide an diesem Premierenabend noch mehr als sonst meinen Kollegen von der Oper, den Dirigenten, der am Abend ‚dabei‘ ist, der die mühsam abgehorchten, von Probe zu Probe immer musikalischer abgestuften Tonfolgen am Abend mit seinem Zauberstab regieren darf. Ich meide die Bühne, ich bin nicht imstande, im Zuschauerraum zu sitzen. Am liebsten möchte ich nie mehr etwas von dem, was da oben geschieht, sehen oder hören. Daran ändert kein Erfolg etwas und kein Mißerfolg. Denn selten trifft es sich – und hier kann ich wohl für viele meiner Regie-Kollegen reden –, daß der äußere Erfolg sich mit unserer Auffassung von unserer Leistung deckt.

Ich habe versucht, Ihnen in Umrissen aufzuzeigen, wie ich an eine Arbeit herangehe und wie ich sie ausführe. Und es erweckt vielleicht den Anschein, als ließe ich mich einfach treiben. Das tue ich auch bis zu dem Augenblick, in dem es gilt, die empfangene Inspiration umzusetzen und auf der Bühne tätig zu werden. Dann hole ich alle meine Hilfstruppen, all das, was mir an Beweiskraft, Überredungskunst, Geschicklichkeit und technischem Können zur Verfügung steht, zur höchst aktiven Arbeit an dem einmal für richtig Erfühlten zu Hilfe. Ich sagte wiederholt, daß alles, was ich bis jetzt gesagt habe, nur für mich persönlich gilt. Und nun muß ich sagen, daß vielleicht nur die völlige Beherrschung der äußeren Form des Theaters, des Handwerklichen, diese meine Art, Regie zu führen, rechtfertigt. Man muß wahrscheinlich die Technik des Theaters so kennengelernt haben wie ich, nämlich: von Wanderbühnen, Sommertheatern über die kleinen und großen Provinztheater bis zu den Staatlichen Schauspielhäusern. Nur so lernt man sein Handwerk wirklich beherrschen, und nur wenn man das Handwerk wirklich beherrscht, kann man seiner Phantasie die Zügel schießen lassen. Wenn ich weiß, was ich ausdrücken will, weiß ich auch, wie ich es auszudrücken habe. Mir sind Regisseure, die nicht durch die Schule der Provinz gegangen sind, immer ein bißchen wie Kinder reicher Leute vorgekommen, denen alle Wünsche erfüllt werden konnten, deren Phantasie sich bis ins immer Maßlosere steigerte. Erst wenn man, wie ich, jahrelang seine Inszenierungen entweder in dem ‚braunen' oder in dem ‚schwarzen Zimmer' machen mußte, das die Direktion gerade hatte malen lassen, und genötigt war, aus dem einen Zimmer immer neue Variationen herauszuholen, kann man später den großen Apparat einer Bühne beherrschen und dabei das Gefühl für Maß und Form behalten. Die deutschen Provinzbühnen sind wesentliche Pflegestätten des schauspielerischen und – wie wir später sehen werden – des dichterischen Nachwuchses. Die lebendige Arbeit der Provinzbühne hat an der Theater-Kultur in Deutschland den lebhaftesten Anteil. Das habe ich am eigenen Leibe erfahren.

Und um nun endlich von mir wegzukommen und einen erneuten Versuch zu unternehmen, über das Thema Regie im allgemeinen zu sprechen:

Regie als theatralische Ausdrucksform ist niemals und darf niemals Selbstzweck sein, sondern immer nur Mittel zum Zweck. Der Regisseur ist der natürliche Vermittler zwischen dem Dichter und dem Publikum. Restlose Beherrschung des Apparates, auf dem er zu spielen hat, ist die erste Voraussetzung für jeden Regisseur. Dieser Apparat – und das ist vielleicht eines der Geheimnisse des Theaters – bezieht

Als Regisseur von Franz Kafkas „Der Prozeß" 1950

das während der Probenarbeit nicht vorhandene Publikum unbewußt mit ein. Nicht nur äußerlich, indem der Spielleiter optisch und akustisch alle Plätze und Ränge des Zuschauerraumes zu berücksichtigen strebt, sondern auch, indem er sich von einem gewissen Zeitpunkt seines Schaffens an, ohne sich dessen bewußt zu sein, selbst in die Rolle des Zuschauers versetzt, sich gegen Ende der Proben von seiner Arbeit zu lösen beginnt und sie betrachtend an sich vorüberziehen läßt, das Stück sozusagen mit den Nerven und Sinnen des Zuschauers aufnimmt. Das scheint mir eine zweite Fähigkeit zu sein, über die ein Regisseur verfügen muß. So ergibt sich, daß der Regisseur nicht nur Sachkenntnis braucht, sondern in einem noch höheren Grade Menschenkenntnis. Das gilt besonders von der Arbeit auf und mit der Bühne. Bedenken Sie, wie vieler Mitarbeiter er sich bedienen muß. Er hat für alle, vom Darsteller der großen Rolle bis zum Komparsen, vom technischen Direktor bis zum Maschinisten, vom Beleuchter bis zum Requisiteur den richtigen Ton zu finden, um sich – oder was wichtiger ist – um seinen Willen zum Werk durchzusetzen. Es gab eine Zeit, in der der Regisseur interessanter war, als er es – Gott sei Dank – heute ist. So wie es Schauspieler-Stars gab, so gab es Regie-Stars. Über die Schauspieler-Stars läßt sich reden. Vor allem Berlin ist von jeher ein so heißer Boden gewesen, daß selbst in den schlimmsten Theaterzeiten, von einigen eklatanten Ausnahmen abgesehen, kein Schauspieler ein Star sein konnte, der nicht wenigstens ein guter Schauspieler war. Regie-Star konnte eine Zeitlang jeder Regisseur werden, der ein Stück auf jeden Fall *anders* inszenierte: anders, als es gemeint war, und jedenfalls anders, als es seine Vorgänger inszenierten.

So wichtig die Tätigkeit des Regisseurs für das Theater ist – sie ist für die jeweilige Aufführung vielleicht die wichtigste –, so sehr hat gerade er immer wieder hinter dem Werk, das er schafft, zurückzutreten. Der gute Regisseur darf keine eigene Auffassung vom Werk haben, sondern es muß sein Talent ausmachen, daß er die Auffassung des Dichters wiedergeben kann. Das Auseinanderfallen vieler guter Schauspieler-Ensembles war nur eine Folgeerscheinung der Tätigkeit der Regie-Narren.

Wir haben in den letzten Jahrzehnten im Theater vier wesentliche Formen der Regie und Darstellungskunst erlebt. Jede war im Augenblick ihres Entstehens vermutlich ganz zwangsläufig und spontan empfunden, und jede wurde später durch ihre Nachahmer verwässert, durch ihre epigonalen Vertreter lächerlich gemacht und schließlich von der Zeit überholt.

Als der Herzog von Meiningen seine epochemachenden Aufführungen in ganz Deutschland zeigte, hatte er die sich selbst überlassenen Schauspieler unter einem einheitlichen Regiewillen gesammelt. Die von den Meiningern echt empfundene und idealisierende Darstellungsform führte, als sie Schule zu machen begann, zu jenem hohlen und verlogenen Dekorationstheater, das ich zwar nur aus Schilderungen und Photographien kenne, das aber einigen von Ihnen noch aus eigener Anschauung bekannt sein dürfte.

Die Jahrhundertwende brachte ein neues Extrem – es hatte das Glück, von wirklichen Dichtern getragen zu werden – den Naturalismus (Hauptmann, Ibsen, Arno Holz, Halbe). Ich habe die Blütezeit des Naturalismus auch nicht mehr erlebt. Aber ich kann mir denken, daß er auf das im Dekorativen und Pathetischen erstarrte Theater wie eine Befreiung gewirkt haben muß, zumal ihm außer den Dichtern auch eine große Anzahl besonders hervorragender Schauspieler zur Verfügung stand. Ich muß hier einschalten, daß ich das Nachahmen der Natur in der Kunst für die lächerlichste und unwürdigste Bemühung halte, die ich kenne. Man kann mir viel nachsagen, aber wenn einer von mir sagen würde, ich wäre ein ‚natürlicher‘ Schauspieler, so würde er mich wirklich kränken. Ich werde mir erlauben, später darauf noch näher einzugehen. Die Dichter, die Schauspieler und die großen Künstler, welche die Blütezeit des Naturalismus heraufführten, huldigten bestimmt keinem Ismus, denn Hauptmann beispielsweise ist ein Dichter des Natürlichen, aber kein Nachahmer der Natur. Der Naturalismus mußte, wenn ihm das Genie fehlte, das ihn trug, noch kläglicher scheitern als das Meiningertum. Was Wunder, daß nach dem immer mehr verflachenden Grau der naturalistischen Dichtungs- und Darstellungsweise unter den jungen Künstlern eine Bewegung entstand, die zwar ebenso bald im Extremen landete wie der Naturalismus, die aber, theatergeschichtlich gesehen, nicht ohne Bedeutung gewesen ist. Genau so, wie gegen das idealisierende und im Grunde in der Luft hängende Epigonentum nach den Meiningern eine Bewegung aufstand, die sich, wie der Naturalismus, an die ‚Natürlichkeit' klammerte, genau so erhob sich gegen den Natürlichkeitsfimmel eine Kunstrichtung, die sich Expressionismus nannte, die nicht schildern, sondern ausdrücken und aussagen wollte und die das Gegenteil von dem proklamierte, was bis dahin auf dem Theater üblich war. Der Expressionismus war, so gesehen, nur eine Kunstform g e g e n etwas. Er versagte sofort, als er an die Führung kam und für etwas sein sollte. Seine Folgeerscheinungen waren verheerend. Und hier setzen meine persönlichen Erfahrungen am Theater ein. Wer den Expressionismus am Ursprung studiert hat, wird ihm Schlagkraft, Aktivität und fanatischen Kunstwillen nicht absprechen. Wer ihn, wie ich, als Import-Artikel auf Provinzbühnen kennenlernte, den schaudert heute noch, wenn er daran denkt, was seine Vertreter alles ausdrücken zu müssen glaubten. Unvergeßlich ist mir eine Aufführung von Strindbergs *Rausch*, die ‚natürlich' in schwarzen Vorhängen mit weißen Möbeln spielte und in der ‚natürlich' alle Schauspieler sich viereckige Augenhöhlen und Augenbrauen gemalt hatten. Als der Rausch, das heißt der Liebesrausch zwischen den beiden Hauptfiguren entflammte, wurde tatsächlich langsam von rechts nach links – Sie merken hoffentlich das Symbol – über den schwarzen Vorhang ein dunkelroter gezogen.

Meine ersten eigenen Regie-Versuche fielen in diese Zeit, in der ich mehr als einmal nahe daran war, den Regiestuhl mit dem Kontorsessel meines Vaters zu vertauschen, so zum Beispiel als mir ein Bühnenbildner bei der Inszenierung von *Dantons Tod* begeistert sagte: „Wunderbares Stück – das spielen wir in grauen schiefen Wänden und schminken alle Schauspieler grün!" und auf meine unkünstlerische Frage: „Warum?" leuchtenden Auges antwortete: „Nun, Revolution!"

Es war in der Provinz gar nicht so leicht, sich mit den Mißverständnissen des Expressionismus herumzuschlagen. Man war zu der Zeit der Parteien und Cliquen gern gedeckt, und so war in der Provinz oft der Direktor ein kleiner Reinhardt, mit dessen immer mehr dem Artistischen des Theaters und der Kunst hingegebenen Stil er am wenigsten anecken konnte, während er sich zur Sicherheit einen literarischen Oberregisseur hielt, dessen Händen er die expressionistischen Experimente anvertraute. Und das Ganze hieß dann neben allem noch: Förderung der jungen Kunst und des Nachwuchses. Dieser Provinzexpressionismus war auch aus wirtschaftlichen Gründen schwer auszurotten, denn er war so billig, – im Ernst, auch die Theaterleiter, die mit dem Expressionismus nicht mitkamen, räumten ihm gern einen Platz auf ihrer Bühne ein, weil mit dem Andeutungstheater Dekorationskosten gespart wurden; und das war immerhin ein Grund, denn die idealisierende Kunstart der Meininger brauchte viele Theatermaler. Der Naturalismus kostete viele Tischler und Handwerker, der Expressionismus brauchte nur ein paar Bühnenarbeiter, die einige Latten, je schiefer desto besser, zusammenschlagen konnten. – Ich erwähne hier nur kurz die Stil-Bühne, in der die Stükke in Einheits-Dekorationen gespielt wurden: *Faust* speziell in Spitzbogen, Shakespeare meistens in romanischen Rundbogen. Schwierigkeiten tauchten bei dieser Bühne immer dann auf, wenn ein Dichter eine Szene ins Freie verlegt hatte. Ich entsinne mich eines *Don Carlos*-Gastspiels in einer kleinen Stadt, die in die Stilbühne gestellt war; hinter den Szenen, die in den Gärten von Aranjuez spielten, wurde der Prospekt aus *Butterfly* heruntergelassen.

Der Expressionismus scheiterte an der Ablehnung des Publikums, das sich lieber an die unverbindlichere darstellende Kunst der Reinhardt-Schule hielt. Zu der Zeit wurde die Seele des Schauspielers entdeckt. Man setzte den expressionistischen Skeletten den schauspielerischen Menschen entgegen; nun hatte der Entwicklung des schauspielerischen Individuums alles zu dienen, zuletzt sogar das Werk des Dichters.

Ich kenne die sicherlich kraftvollen Anfänge dieser Stilgattung auch nur von Bildern und aus Erzählungen einiger bis in unsere Zeit hinüberreichenden großen Darsteller. Selbstverständlich wurde eine Höhe der Schauspielkunst erreicht, wie kaum zuvor, denn noch nie diente eine Kunstrichtung, wenn man in diesem Falle von einer solchen sprechen darf, so sehr nur dem Schauspieler. Ich lernte diese Richtung eigentlich erst kennen, als sie im Begriff war, sich zu überschlagen, als es in einzelnen Fällen so weit kam, daß nicht mehr der schauspielerische Mensch an sich wichtig war, sondern seine Übersteigerung zur Sensation: damals als Prinzessinnen Prinzessinnen zu spielen begannen und Boxer Boxer. Immerhin bot diese dem theoretisierenden Expressionismus entgegengesetzte Kunstauffassung des reinsten *l'art pour l'art* der Weiterentwicklung des Expressionismus entscheidend Halt. Sie führte dem Theater große Schauspieler zu, aber im tieferen Sinne schöpferisch konnte sie nicht sein. Sie blieb im Schaumäßigen – um nicht zu sagen Revuemäßigen – stecken, wie der Expressionismus im Abstrakten.

Ich habe in diesem Überblick wiederholt den Zusammenhang berührt zwischen dem Zustand, in dem sich ein Volk befindet, und dem Zustand, in dem sich seine Kunst befindet. Alle von mir hier kurz skizzierten stilistischen Bemühungen stehen in engem Zusammenhang mit dem jeweiligen geistigen und ethischen Zustand des Volkes. Zur Entwicklung des Theaters war jede dieser Kunstrichtungen in dem Augenblick, in dem sie entstand, notwendig und wichtig, ebenso wie es notwendig und wichtig war, daß sie verschwand.

In meinem kurzen Überblick habe ich einige häßliche Worte gegen die sogenannte Natürlichkeit gebraucht. Ich bin Ihnen dazu vielleicht eine Erklärung schuldig. Und was ich sagen möchte, ist sogar mehr als eine bloße Erklärung: es ist mein Bekenntnis zur Kunst.

Alle Kunst ist Verwandlung. Indem der Künstler – gleichviel ob er Schauspieler, Dichter, Maler oder Bildhauer ist – den natürlichen Stoff anrührt, mit dem er arbeitet, muß dieser Stoff sich unter seinen Händen verwandeln und jene Form annehmen, in der sich erst die Dinge der Ewigkeit entwickeln, die das Wesen der Kunst ausmachen. Deshalb kann kein Ding der Kunst ‚natürlich' sein, darf es nicht sein, anders ist es keine Kunst mehr. Die letzte und höchste Form des fertigen Kunstwerkes scheint mir aber zu sein, wenn es, aus seiner jenseitigen Verwandlung zurückkehrend, die Selbstverständlichkeit der Natur annimmt, ohne naturalistisch zu werden, da es immer noch von dem Atem einer anderen Welt bewegt wird.

Der Expressionismus war leicht zu packen und auszurotten. Aber hier und da auf dem Theater ist immer noch etwas Unauffälligeres und deshalb Gefährlicheres zu finden: jene Phantasielosigkeit, die sich hinter dem Deckmantel des Natürlichen oder des angeblich Natürlichen verbirgt. Mir geht es so, und ich weiß, daß es vor allen Dingen der jungen Generation so geht: je natürlicher sich ein Schauspieler gebärdet und je natürlicher ein Regisseur zu arbeiten glaubt, desto mehr merke ich das Unnatürliche des Theaters, nämlich die Schminke, die Leimfarbe, die Fußrampe, den Souffleur. Ich glaube, daß ein Teil der Antipathie der jungen Generation gegen das Theater im Augenblick darin begründet ist, daß sie sich nichts vormachen lassen will. In einer Zeit, in der jeder Junge einen Mercedes-Motor in seine Bestandteile zerlegen kann, lockt man mit der Vorspiegelung falscher Tatsachen keinen Hund mehr hinter dem Ofen hervor. Schon die Architektur, der Bau, das rein Äußerliche einer Theatervorstellung widerspricht dieser Art, dieser Unart, Kunst zu produzieren. Es gibt heute noch eine Art von Theaterspielerei, die so natürlich ist, daß ich, im Zuschauerraum sitzend, jederzeit das Gefühl habe: Gott, warum soll ich nicht auch ein paar Worte mit den Herrschaften da oben sprechen, oder warum soll ich mich nicht mit meinem Nachbarn unterhalten, – und kramt einer dieser Natürlichkeitsapostel zu sehr, zu tief in den Geheimnissen seiner Seele herum, habe ich das Gefühl: Gott, ob es nicht taktvoller ist, hinauszugehen, um die Herrschaften, die offensichtlich unter sich bleiben wollen, weil sie sich so intime Dinge zu sagen haben, nicht zu stören! Ich bin freiwillig in das Theater gegangen, habe mir für Geld eine Karte gekauft, lasse mich geduldig drei Stunden im dunklen Raum einsperren – und dann soll ich nicht rebellisch werden, wenn sich im Licht oben ein paar Menschen nach ihrem Belieben unterhalten und so tun, als wäre ich gar nicht da.

Wenn man nichts auszusagen hat, sollte sich der Vorhang über einer Vorstellung gar nicht erst heben. Wenn man nicht bereit ist, Farbe zu bekennen, soll man die Tribüne gar nicht erst besteigen. Das bezieht sich auf jede Form der künstlerischen Äußerung, von der Tragödie bis zum Lustspiel. Halt! Kann man denn überhaupt mit einem Lustspiel aussagen? Kann man überhaupt dreihundertmal im Jahre diese eben aufgestellte Forderung erfüllen? – Ja, wenn man ‚Aussage' nicht nur auf das Wort des Dichters und sein Werk bezieht, sondern auch auf die Interpretation. Gerade in der Komödie und im Lustspiel, gerade in Aufführungen von unverbindlicher Heiterkeit ist eine aggressive Spielleidenschaft Verpflichtung. Ein Dichter hat mir einmal gesagt:

„Zwischen Bühne und Parkett hat eine Feindschaft zu herrschen.“ Er sagte das während einer jener unverbindlichen Vorstellungen, in denen er sich im Theater wie ‚zu Hause‘ fühlte. Und er hat recht; recht insofern, als diese Feindschaft Kampf zur natürlichen Folge hat, und der Erfolg eines Stückes den Sieg über das Publikum bedeutet. Diesen Kampf, diese aggressive Leidenschaft suche ich – bis in die Sprachform hinein – bei den Dichtern der heutigen Generation, in denen sich das Drama der Zeit unmittelbar oder als Gleichnis manifestiert. Ich suche den jungen Dichter in jeglicher Gestalt: die Erteilung eines Auftrages an sechs von ihnen legt dafür ein Zeugnis ab. Hier sei mir ein Wort mitten aus der Praxis erlaubt, indem ich einen Brief zitiere, den ich am 10. Dezember 1936 einem jungen, begabten und ernsthaft schaffenden Autor schrieb, der sich mit der *Sonnenstößer*-Aufführung kritisch auseinandergesetzt hatte:

„Es ist ein Irrtum der ‚Hänse...‘ von heute, wenn sie meine Arbeiten sehen, zu seufzen: ‚Kind, deine Sorgen möchte ich haben!‘

Ich wünsche sie keinem von ihnen. Denn zwischen mir und dem Hans, den Sie mit der Eisenbahn haben spielen sehen, liegt derselbe Weltkrieg und liegen dieselben Revolutionen. Und ich möchte die

Tatsache, daß es mir heute besser geht, nicht allein auf das große oder kleine Glück, das ich gehabt habe, schieben. Der Weg, der mich in sieben Jahren von einer Mansarde in der Neuen Winterfeldstraße bis auf meine heutige Stelle geführt hat, war nicht so bequem, daß ich die damit verbundenen Plackereien und Schindereien je vergessen könnte, ebensowenig, wie ich den Krieg und die Revolutionen je vergessen kann.

So sind mir auch Ihre Sorgen und die Nöte der anderen, zu deren Sprecher Sie sich machen, nicht unbekannt. Es waren meine eigenen, und es sind meine eigenen, denn es ist gleichgültig, um welches Gebiet der Kunst es sich handelt, in dem wir kämpfen und leiden. Und in dem Zusammenstellen und der täglichen Schulung des Spielkörpers der Staatlichen Schauspiele glaube ich, auf meinem Gebiet der Kunst eine gute Waffe geschmiedet zu haben. Aber ich will diese Waffe nur den besten Kämpfern zur Verfügung stellen. Und wenn Sie sagen, daß es der Stolz des Staatstheaters sein kann, mit Jahrhunderten rechnen zu dürfen, so billigen Sie seinem jetzigen Intendanten etwas mehr Zeit zu als die zweieinhalb Jahre, die er bis jetzt zum Aufbau dieses Theaters brauchte. Und sicher werden auch für diese zweieinhalb Jahre nicht *Das Glas Wasser* und *Der tolle Tag* die Aufführungen gewesen sein die wichtig waren, obwohl sie viel wichtiger waren, als es Ihnen erscheinen mag; denn der Erfolg dieser Aufführungen versetzte mich erst in die Lage, Kleist oder Grabbe, Rehberg, Schwarz oder Billinger nicht nur zur Aufführung zu bringen, sondern sie dem Volk, für das sie geschrieben sind, zu zeigen. Denn erst mußte der Glaube an das Staatstheater wieder geweckt werden, dann konnten die Aufführungen erst ihren Zweck erfüllen, der mir wesentlich darin zu liegen scheint, daß diese Aufführungen auch angesehen werden...

Zum Schluß möchte ich Ihnen noch sagen, daß ich viele Begabungen kenne, denen ich Aufführungen an Bühnen der Provinz sehr gern wünsche, weil ich die fruchtbringende Wirkung einer solchen Aufführungstatsache auf den Dichter keineswegs unterschätze. Und es ist nur richtig, daß sich viele Dramatiker auf dem Weg über die Provinz durchsetzen, die im unbarmherzigen Scheinwerferlicht einer Staatstheater-Premiere vielleicht in ihrem weiteren Schaffen gehemmt würden. Denn ich glaube, daß die Aufführungen des Staatstheaters nicht Schwächen vertuschen und Brüche kleistern, sondern daß sie das Werk klarlegen.

Es ist die rastlose Arbeit des Staatstheaters, sich für

die Werke der Dichter unserer Zeit würdig zu machen. Muß ich sagen, daß ich der Auffassung bin, daß auch der Dichter, der hier aufgeführt werden will, nicht nur in seinem W o l l e n würdig sein darf, auf der ersten Bühne des Reiches aufgeführt zu werden?

Ich danke Ihnen nochmals für Ihren Brief und bitte Sie und Ihre Kameraden, uns immer wieder mit Ihren Arbeiten und Ihren Plänen vertraut zu machen. Wir müssen uns ja dann einmal treffen, denn auch ich teile Ihre Auffassung, daß die Uraufführung eines einzigen Neulings von Wert höher einzuschätzen ist, als Dutzende von Aufführungen bereits anerkannter Stücke."

Aber: ich trage ebenso wie dem Schaffenden dem mir anvertrauten Theater gegenüber eine Verantwortung, und ich muß sie für beide in das rechte Maß setzen. Sie werden daraus vielleicht mein Bestreben erkennen, Werke in den Spielplan einzustellen, die den Zuschauer anpacken und aufrühren. Nur da, wo er wirklich angepackt und aufgerührt wird, kommt er zu seinem Recht, denn nur diese aggressive Art des Theaterspielens erzeugt in ihm jene Spannung, die ihn erst fähig macht, Kunst zu erleben. Es gibt keinen Sieg ohne Kampf. Und wenn wir bei großen Schauspielern vom Sieg der Persönlichkeit sprechen, so sind wir eben von ihnen besiegt worden, besiegt von Werner Krauß und Erich Carow, besiegt von Käthe Dorsch und von Friedel Schuster. Ein anderes als ein aktivistisches Theater ist gar nicht denkbar. Kein Dichter schreibt ein Stück ohne Absicht, ganz gleich, ob diese Absicht innerer Zwang ist des Dichter-sein-müssens, ob er sich des Theaters bedient, um bewußt oder unbewußt seine Meinung vor der Welt zu äußern, oder ob es seine primitive Absicht ist, nur ein Theaterstück zu schreiben, das Erfolg hat. Jedenfalls: er will etwas. Wir am Theater wollen auch etwas. Durch den leidenschaftlichen Kampf, den jeder Schauspieler um eine Rolle führt, in der er sich ausdrücken kann, ist er ebenso mit seinem aktiven Willen an dem Zustandekommen einer Theatervorstellung beteiligt wie der Regisseur, der auf Grund seiner Schau der Dinge sich bemüht, seinen Inszenierungen einen dieser Schau adäquaten Stil zu geben, wie der Theaterleiter leidenschaftlich bemüht ist, mit jeder Aufführung seines Theaters der Kunst und immer wieder der Kunst zu dienen, wohl wissend, daß die Kunst ohne das Volk, aus dem sie kommt und für das sie geschaffen wird, nicht existieren kann.

Das alles hat möglicherweise wieder wenig mit dem Thema Regie zu tun. Aber es hat alles mit meiner Auffassung vom Theater zu tun, und in dieser meiner Auffassung vom Theater ist meine Auffassung von der Regie enthalten. Die Kunst des Theaters hat ihre eigenen Gesetze, wie jede Kunst. Und das, was wir in echtestem Sinne als natürlich empfinden, ist eine den Gesetzen des Theaters gehorchende Natürlichkeit. Und im Film ist es ganz genau dasselbe, nur daß sich dort das Gewicht anders verteilt und daß die Gesetze eben andere sind. Wir bestaunen, bewundern die große Natürlichkeit eines Gary Cooper und Clark Gable. Selbstverständlich sind diese Männer Wunder an Natürlichkeit, aber die Form, in der wir ihre Natürlichkeit zu sehen bekommen und bewundern, bestimmt ihr Regisseur, der sie einsetzt, ihr Lächeln auf den Zentimeter genau da einbaut, wo es die Dramaturgie des Filmes erfordert, der mit Licht und Schatten, Schnitt und Ton ihre Natürlichkeit formt. Und nun sind wir endlich bei dem Wort angekommen, an dem mir mehr liegt als an Wörtern wie: Auffassung, Stil und Persönlichkeit. Es ist der Begriff der Form, der gestaltenden Form, der unlösbar mit dem Begriff ‚Kunst' verbunden ist. Die strenge, knappe und klare Form auch für die Übermittlung einer Dichtung auf der Bühne zu finden, scheint mir das Talent, die Verpflichtung und den Auftrag des

Regisseurs auszumachen. Und mit diesem Bekenntnis zur Form möchte ich meinen Bericht über meine Arbeitsmethode schließen, mit diesem Bekenntnis zur Form, in der sich jeder Inhalt erst zur Kunst wandelt. Nur gibt es für Kunst keine Einheitsform, und beinahe jedes Stück jedes Dichters verlangt seine eigene Form, und es ist in jedem Falle eine zeitbestimmte Form, denn ob er will oder nicht, ob er es glaubt oder nicht, ob er es weiß oder nicht: jeder Künstler setzt seine Kunstwerke in Beziehung zu der Zeit, in der er lebt und schafft, da hilft kein noch so geniales Sichgebärden auf irgendeinen fernen welt- und zeitabgewandten Kunststern zu; denn was kann der Theatermann Höheres, Schöneres, Verantwortungsvolleres und Beglückenderes sein als das, was Hamlet ihm aufgibt, nämlich: der Spiegel, die abgekürzte Chronik des Zeitalters!

DAS KÜNSTLERISCHE ERLEBEN DES SCHAUSPIELERS

Vortrag am 20. September 1941 in München

Diesen Vortrag hielt Gustaf Gründgens – der Weltkrieg dauerte nun zwei Jahre – am 20. September 1941 im Münchener Ärztehaus bei einer Tagung des Auslandsamtes der Dozentenschaft der deutschen Universitäten und Hochschulen. Er ist zwischen 1933 und 1945 in offizieller Eigenschaft nicht im Ausland gewesen und hat auch nicht an internationalen Theaterkongressen, wie sie beispielsweise in Rom und Paris veranstaltet wurden, als Vertreter der deutschen Bühnenkünstler teilgenommen. Eine Ausnahme bildete sein Auftreten bei den Hamlet-*Festspielen auf Schloß Kronborg in Dänemark, wo es Brauch ist, daß in jedem Jahr ein anderes Land eine repräsentative* Hamlet-*Aufführung zeigt. Vor Gründgens war Lawrence Olivier in Helsingör, nach ihm John Gielgud.*

Als mich mitten in der praktischen Arbeit die Bitte erreichte, heute zu Ihnen über meinen Beruf und gewisse Vorgänge in ihm zu sprechen, ahnte ich nicht, welche Schwierigkeiten es mir bereiten würde, Dinge zu erklären, die ich täglich tue, Gefühle, die ich täglich hege, zu beschreiben, und Gedanken, die ich täglich denke, in Worte zu fassen. Es wurde mir, der ich seit langen Jahren in der Praxis des Theaters stehe, überraschend schwer, einen Punkt zu finden, von dem aus ich diese meine

Arbeit betrachten konnte, um über sie auszusagen. Und es scheint mir, daß nicht nur der Gelehrte, aus seinem stillen Tun herausgerissen, sich augenblinzelnd erst umgewöhnen muß, sondern ich merke, daß der Weg, den der Mann der Praxis in die Betrachtung seiner Arbeit zu gehen hat, mindestens ebenso schwer ist. Er muß die Stationen der geleisteten Arbeit noch einmal an seinem Auge vorüberziehen lassen, um aus der Summe seiner Erfahrung einen Überblick zu gewinnen. Es ist also nicht eigentlich ein Vortrag, den ich hier halten kann, sondern ich möchte sagen, es ist ein zusammengefaßter Nachtrag über das, was ich praktisch zu leisten versuche. Ein Nachtrag und ein nützlicher, daher dankbar begrüßter Zwang, in aller Tätigkeit einmal innezuhalten.

Wenn ich – ein Schauspieler – über das ‚künstlerische Erleben des Schauspielers' sprechen soll, fällt mir hemmend ein Satz Ernst Jüngers ein: „Wer sich selbst kommentiert, geht unter sein Niveau." Nun wäre das meine geringste Sorge, wenn ich nicht befürchten müßte, von diesem anderen Niveau her andere Kommentare liefern zu müssen. Zweifelsohne wäre es mir lieber, mich überhaupt nicht in Form der Rede oder der Diskussion äußern zu müssen, sondern mich da, wo ich am unbefangensten bin, nämlich in meiner Werkstatt – das heißt auf der Bühne – kunstbetrachten zu lassen und dabei zu hoffen, durch meine Arbeit wirken und aussagen zu können. Wenn ich nun trotz der angedeuteten Schwierigkeiten zum Thema sprechen werde, so liegt es einmal an dem Forum, vor dem zu sprechen mir Freude macht, zum anderen an der Doppelstellung, die im deutschen Theaterleben einzunehmen mir vergönnt oder, wenn Sie wollen, beschieden ist. Denn ich bin nicht nur der Schauspieler, der sich voll und gern auf seinen Instinkt und seine Intuition verläßt und ängstlich darauf bedacht ist, den Schleier über dem Geheimnis des schauspielerischen Erlebnisses vor niemand, am wenigsten vor sich selbst zu lüften, sondern ich bin auch der Leiter einer Gemeinschaft von Künstlern, der in dieser Eigenschaft gezwungen ist, gerade in die Geheimnisse bei den anderen einzudringen.

Als Schauspieler hätte ich nicht das Bedürfnis, mich zu äußern. Aber als Bühnenleiter und als ein Mann, dem eigene Erfolge nicht mehr den einzigen Wert bedeuten, habe ich den tief inneren Wunsch, mir gewordene Erfahrungen weiterzugeben, gewonnene Erkenntnisse anderen zu vermitteln und den nachstrebenden Kräften den Weg zu ebnen. Ich nehme an, daß ich das in täglicher und praktischer

Arbeit auch tue, sei es in Zusammenkünften mit den jungen Autoren von heute, sei es in Gesprächen mit meinen Dramaturgen und Regisseuren, sei es in Besprechungen mit meinen Bühnenbildnern, sei es in der Arbeit mit meinen Schauspielern oder in der gelegentlichen Beratung nicht unmittelbar zu meinem Haus gehörender Kunstschaffender.

Nun zwingt mich dieser Vortrag, über die meinen täglichen und stündlichen Anregungen gemeinsame Grundhaltung nachzudenken und mich nicht impulsiv und spontan, sondern sozusagen kontemplativ zu äußern. Und das wird mir, wie gesagt, besonders als einem Mann des Theaters nicht leicht. Denn gerade das Theater ist ständig in Bewegung, und seine Schöpfungen sind die vergänglichsten.

Sie haben im Laufe dieser Tagung Vorträge über alle Kunstgattungen gehört. Architektur, bildende Kunst, Malerei, Dichtung, Musik und auch der Film wirken unabhängig von der Lebensdauer ihrer Schöpfer weiter. Das Hinscheiden jedes Großen der Bühnenkunst aber ist ein unersetzlicher Verlust. Die Namen der Erbauer der griechischen Tempel und vieler deutscher Burgen und Dome sind vergessen, ihre Werke aber reden eine deutliche Sprache für sie und die Zeit, in der sie lebten. Wir wissen nichts von Homer, nichts von dem Dichter des

Nibelungenliedes und wenig von dem Leben unserer deutschen Minnesänger. Aber wir wissen alles, was sie dachten und was sie bewegte, aus ihren Werken. Ist Michelangelo wirklich für uns tot? Und lebt Mozart nicht heute stärker als zu seinen sogenannten Lebzeiten? Sie sehen die großen Werke aller anderen Kunstgattungen vor sich und beurteilen ihren Ewigkeitswert oder ihren zeitgeschichtlichen oder ihren zeitkritischen Wert. Auf jeden Fall reagieren Sie unmittelbar auf das Kunstwerk, unabhängig von dem Schöpfer, der ihm das Leben gegeben hat.

Wie aber stellt sich dagegen das Werk des Schauspielers dar? Die beste Erzählung oder Kunstbetrachtung über den erregendsten Theaterabend wird Ihnen nicht seinen lebendigen Eindruck vermitteln können. Eigentlich ist die Verzauberung durch Kunst bei einem Theaterabend in dem Augenblick erloschen, in dem der Vorhang gefallen ist; denn was in der Erinnerung auch bei denen, die ihn gesehen haben, weiterlebt, ist etwas sehr Subjektives und etwas, das sich im Laufe der Zeit immer subjektiver gestaltet. Menschen von gleich großer künstlerischer Einfühlungsgabe werden über denselben Theaterabend die verschiedensten Eindrücke wiedergeben, und niemand wird Gelegenheit haben, wie das bei anderen Künsten möglich ist, diese Eindrücke zu kontrollieren und nötigenfalls zu revidieren. Nun sind aber zweifellos auf dem Gebiete der Theaterkunst große Werte geschaffen worden, die stärker waren als der Tag und die Stunde, die nach Erhaltung drängten.

Diese weiterzugeben war immer eine Sache der Lehre von Mund zu Mund. Wohl gibt es eine schauspielerische ‚Tradition' durch die Jahrhunderte hindurch, aber diese Tradition wird, wie wir im weiteren Verlauf sehen werden, bei der Vergänglichkeit der schauspielerischen Erscheinungsform immer wieder durch den Tod derer unterbrochen, die Träger der Überlieferung waren. Es bleibt also schließlich nur das ferne Vorbild eines großen Darstellers, das ein Anfänger aufgenommen hat; und aus immer nur flüchtigen Worten und Gebärden, aus entfliehenden, dennoch bewahrten Impressionen setzt sich das Erbe fort, von einer Zeit zur anderen weitergereicht, und darum letzten Endes alle Zeiten verbindend.

Denn das künstlerische Erleben des Schauspielers wird wesentlich bestimmt vom Wert, den die Zeit dem Theater gibt. Und es unterliegt keinem Zweifel, daß die Stellung der Zeit zum Theater sich ständig gewandelt hat. Das Theater war von je, vielleicht gerade darum, weil es von sich aus nicht überzeitlich, sondern zeitgebunden ist, der getreueste Spiegel und Abdruck seiner Zeit.

Deshalb ist auch die Frage nach dem künstlerischen Erleben des Schauspielers niemals absolut, sondern immer nur in Beziehung zur zeitlichen, räumlichen und geistigen Umwelt des Schauspielers zu beantworten.

Die Schauspielkunst ist eine Kunst zweiter Potenz. Alle anderen Künste arbeiten in einem einzigen Stoff und mit einem einzigen Stoff. Der Maler hat die Farbe, der Bildhauer den Stein. Nur die Schauspielkunst baut auf einer fremden Kunst – der Dichtkunst – auf. Sie schafft nicht aus dem Urstoff, sondern aus einem bereits fertigen Werk, dem Werk des Dichters. Sie muß es zerbrechen, um es nach ihren eigenen Gesetzen wieder aufzubauen. Das ist der Grund, weswegen Sie mitunter eine scheinbare Diskrepanz zwischen dem gedichteten und dem gespielten Drama bemerken. Die Figuren, vom Dichter in schwarzen Druckbuchstaben für alle Ewigkeit festgelegt, verwandeln sich unter den Händen, im Kopf und im Herzen des an seine Zeit gebundenen Schauspielers und nehmen ein selbständiges, für sich losgelöstes Leben an, mit eigener Lebendigkeit, eigenem Daseinsstoff gefüllt. Die Dichtung wird gleichsam zum Motor, der einen fremden Körper treibt.

Wir sehen also: das primäre künstlerische Erlebnis des Schauspielers ist die Dichtung. Da aber die Dichtung, und zwar jede Dichtung der Welt, nur aus ihrer Zeit heraus denkbar und verständlich wird, so ist die Zeit selber das ‚andere' Erlebnis des Schauspielers. Er ist von der Zeit, in der er lebt und spielt, niemals zu trennen.

Ich will versuchen, die Behauptung an einigen großen Intervallen der dramatischen Weltliteratur zu beweisen.

Das ursprüngliche künstlerische Erlebnis des Schauspielers war der Dienst an der Gottheit. Und noch als der Chor der Sänger und Tänzer allein auftrat – ehe ihm ein Sprecher als Gegenspieler beigegeben wurde und somit die früheste antithetische Form des Dramas gefunden war –, bezog er seine Kunst aus einem Gegebenen: dem Kult.

Der menschliche Spieltrieb, diese Urzelle des Schauspielerischen, setzte dann den kultischen Vorgang in darstellerisches Spiel um.

Die Zeit der großen Mythen begann. Aus der Zeit und ihren Mythen zog der Darsteller sein Erlebnis. Noch aber war die spätere Emanzipation der Schauspielkunst nicht vollständig. Die Darsteller der griechischen Hochantike trugen Masken, wie Sie wissen. Sie waren mehr Sprecher als Spieler. Und es scheint beinahe, daß die Gewalt der Mythen, die später in den Dramen der Aischylos, Sophokles und Euripides umging, so stark war, daß der Darsteller sich gleichsam selbst auslöschte, um nichts als Sprachrohr zu sein.

Es ist beinahe schade, daß diese Zeit der Masken gefallen ist, denn niemals war das Erlebnis des Darstellers reiner und dem Werk hingegebener als damals, da seine eigene Persönlichkeit anonym blieb. Und es war fast etwas Soldatisches in dieser dienenden Kunst, die dem Befehl der Dichtung gehorchte, ohne im tiefsten Sinne des Wortes eine ‚Miene zu verziehen' oder ‚die Maske fallen zu lassen'.

Die griechische Zeit ging in die römische über, die Darsteller des Terenz und Plautus bezogen ihre Erlebnisse aus einer ernüchterten und entzauberten Welt, in der das derbe Lustspiel vorherrschte, die Pantomime auf breite Wirkungen bedacht war. Die christliche Zeit löste die römische ab. Und von den naiven kirchlichen Dramen der Nonne Roswitha von Gandersheim im zehnten Jahrhundert an beginnt die Zeit der Mysterienspiele, deren letzten Ausläufern wir in Oberammergau begegnet sind.

Ihr schauspielerisches Erlebnis ist das der Evangelien und des Glaubens.

Aber die große Zeit des Dramas ist vorüber; das

Epos ist an seine Stelle getreten, der heldische Gesang: das *Nibelungenlied*, Wolframs *Parsifal*, Gottfrieds *Tristan*.

Lassen Sie mich an dieser Stelle einen Gedanken äußern, der – vom Standpunkt der Wissenschaft aus – vielleicht paradox erscheinen mag. Ich glaube, daß die unaufhörliche, nicht abreißende Bewegtheit und Lebendigkeit des schauspielerischen Elements in der Welt auch dort noch zu spüren ist, wo der Strom des Theaters wie im Mittelalter versiegt scheint oder unterirdisch weiterfließt. Deshalb glaube ich, daß noch in dem Rhapsoden, der das *Nibelungenlied* oder den *Tristan* von Haus zu Haus trug, etwas vom Wesen des Schauspielers zu finden ist, der – in einer heldischen Zeit am Erlebnis heldischer Poesie entzündet – aus sich heraustritt, um der Mittler zwischen Dichtung und Publikum zu werden, nicht anders als jener frühe attische Sprecher im Chor der Dionysien.

An Stelle des Antithetischen innerhalb des Dramas tritt die andere wichtige und oft verkannte Antithese zwischen dem Schauspieler und dem Publikum. Ich werde später darauf zu sprechen kommen, wie fruchtbar für die Kunst die Wiederherstellung dieser Antithese ist, die in den Hoch-Zeiten der Bühne oberstes Gesetz, deren Verschwinden immer das sicherste Zeichen für den Niedergang der Theaterkultur war.

Das Zeitalter des frühen Barock bricht an, damit das große festliche, repräsentative Zeitalter des Theaters: im Spanien Calderons, im Frankreich der Corneille, Racine und Molière, im England Shakespeares. Das Erlebnis des Schauspielers, einstmals hinter dem Mythos der Götter zurücktretend, wird in der Luft glanzvoller Höfe selbständig und bewußt. Der Stil barocker Etikette – Shakespeare ausgenommen – geht in den Stil der Dichtung über, dieser in den Stil der Schauspielkunst. Noch heute zeigt die Comédie Française in ihrer darstellerischen Form etwas vom Barock des Vierzehnten Ludwig. Und wie sich höfische Prunkfeste und Schäferspiele, Scherze der Verkleidung und Verwandlung etwa in den Lustspielen des Lope niederschlagen, so entfesseln solche Spiele den schauspielerischen Trieb in bisher nie gesehener Weise.

Wieweit sich inzwischen die Stellung der Zeit zum Theater geändert hat und wieweit sich zwangsläufig das künstlerische Erleben des Schauspielers mit ihr wandeln mußte, zeigt schlagender als alle literarischen Beispiele eine einfache Tatsache. Ich sprach vorhin davon, daß in der Blüte des griechischen Theaters die Schauspieler Masken trugen; nun: im Theater Shakespeares waren es nicht mehr die Darsteller, wohl aber die Zuschauer – nämlich die

Damen des Hofes –, die Masken vorbanden, um ihr Erröten verbergen zu können. Welcher groteske Wandel, welches Vordringen des Spieltriebes, der einmal heiliger Anlaß war und nun beglückender Selbstzweck wurde! Welche Wandlung im künstlerischen Erleben des Schauspielers muß da vorgegangen sein!

War das barocke Theater, dichterisch und darstellerisch, von der ritterlichen Geste auch innerlich bestimmt, herrschte dort der Glanz der Szene und der Glanz des Helden vor, wurde die deutsche Klassik, die, nahezu unvermittelt nach Jahrhunderten schmalster dramatischer Ausbeute – Hans Sachs etwa und Gryphius –, aus dem Boden des rationalistischen Zeitalters herauswuchs, die Dokumentierung reiner Geistigkeit.

Aber auf die Frage, wie im einzelnen das künstlerische Erlebnis der Zeit sich in den Schröders und Devrients, in Fleck, Iffland und Seydelmann offenbarte, also in Schauspielern, von deren Leben wir schon einiges wissen, muß ich die Antwort schuldig bleiben. Niemand wird das Geheimnis ergründen, aus welchen Quellen der Inspiration oder der Nachahmung, des Kopfes oder des Herzens dem Darsteller die Kräfte zuströmen. Die Summe dieser Kräfte aber bestimmt die Zeit. Sie stieg damals aus den ersten Anfängen des deutschen Theaters bis zu den epochemachenden Höhepunkten Lessingscher, Goethescher und Schillerscher Aufführungen an. Es war die Zeit preußischer Notjahre und deutscher Befreiung – die Schauspielkunst empfing ihr Gesicht von ihr, wie sie später aus dem Flug der Romantik und über die zeitbestimmende Schule des Herzogs von Meiningen in die Bürgerlichkeit des neunzehnten Jahrhunderts abglitt.

Versucht man aber in allen diesen Erscheinungsformen dem künstlerischen Erlebnis des Schauspielers nachzuforschen, so sei in solchem Zusammenhang eines der Größten innerhalb der darstellenden Kunst gedacht: Adalbert Matkowskys. Es ist in den Annalen festgehalten, daß er in einer Spielzeit nicht weniger als vierzig Rollen verkörpert hat. Matkowskys Genie ist unbestritten wie seine schauspielerische Expansionskraft. Dennoch glaube ich als Darsteller sagen zu dürfen: auch die schauspielerische Verwandlungsfähigkeit ist begrenzt. Und wenn er dreißig Rollen aus dem Erlebnis der Dichtung hätte erfüllen können – es wäre die Arbeit, eines Riesen würdig –, der Rest muß wohl leer oder weniger erfüllt geblieben sein wie die Zeit, die ihm das Werk abverlangte, wie die ‚Dichtung', die ihm zu Gebote stand, wie das Publikum, das sie empfing.

Dem Niedergang des Reiches folgte 1918 eine Revolte und keine Revolution: in der Politik wie in der Kunst; doch hatten auch die verschiedenen Ismen der Nachkriegszeit ihr Gutes. Sie waren Sauerteig – wichtig für den Prozeß der Gärung und Läuterung, der sich vorbereitete und der auch heute noch nicht abgeschlossen ist.

Wieder ist alles im Aufbruch, in Bewegung, und die Meinungen stehen gegeneinander, und das ist gut. Denn Kampf bedeutet Lebendigkeit. Sicher ist, daß die Kunst ebenso wie das Leben unberührt von dem Auf und Ab der Zeit ihren Gesetzen folgt und daß sie, groß wie das Leben selbst, auch ihre Revolutionen und Krisen positiv umwertet.

Als in Deutschland der Kampf der Neuberin gegen den improvisierenden Hanswurst einsetzte, war das ein ebensolches Signal wie beispielsweise, als in Italien Goldoni sich gegen die Überschwemmung der Bühne mit der *commedia dell' arte* wendete, die er aus einem possenhaften zu einem großartigen und manchmal fast grausamen Instrument umschuf.

Aber es gibt auch falsche Revolutionäre. Wie überall, so ist auch in der Kunst des Theaters festzustellen, daß immer, wenn eine erstarrte Form durchbrochen wurde, diese Zerstörer der Form – das heißt im Sinne meines Vortrags: der zeitbedingten Form als die großen Neutöner des Theaters gefeiert wurden, während sie in Wirklichkeit nur Abbrucharbeit leisteten; und immer fand sich danach der stillere, aber wichtigere Neuformer ein.

Als Beispiel für solche Umstürzler mit falschen Vorzeichen könnte man den Leipziger Professor und ‚Literaturpapst' Gottsched nennen, den man geradezu als Neutöner des Alten, als Revolutionär der erstarrten Form, der erkaltenden Inhalte bezeichnen müßte. Wohl kämpft er als erster für ein deutsches Theater – aber mit den Mitteln einer nicht mehr stichhaltigen Überlieferung. Die Form wird reiner Selbstzweck, die Inhalte gehen niemand mehr an, ob es sich um den *Sterbenden Cato* oder ein anderes dieser nach französischem Muster leer und leblos aufgezäumten Dramen handelt.

Es mußte erst Lessing kommen, der in seiner *Minna* den deutschen, menschlich warmen, vom Herzen diktierten Stoff in einer Prosa fand, die bei aller scheinbaren ‚Natürlichkeit' kunstvoll distanziert blieb. Es mußte Goethes *Götz* kommen, der in Wahrheit erst die Revolution des deutschen Dramas nach Shakespeareschem Muster, aber aus eigenem Genie heraufgeführt hat.

Und noch ein zweites Mal wird dieses falsche Revoltentum deutlich: als die starr und leer gewordene

Form der Jahre vor dem Weltkrieg, die *l'art pour l'art*, die Überspitzung des nur psychologischen Dramas nach dem Weltkrieg von einer absoluten Formlosigkeit abgelöst wurde, der Formlosigkeit auch der Inhalte, die man für naturhaft, ausdrücklich und vital halten wollte – und die im Grunde nur animalisch und ein Gestammel blieb. Auch hier galten die Zerstörer irrtümlich als die Architekten einer neuen Kunst. Aber auch sie – weit davon entfernt aufzubauen – rissen nur ein und trugen ab. Sie schufen zwar Platz für Neues, blieben aber für das zukünftige Theater unfruchtbar.

Wer aber hat dem Theater nun wirklich die entscheidenden und befruchtenden Anregungen gegeben? Es sind in erster Linie die Dichter gewesen, die das Theater aus den Krisen revolutionierten, das heißt rückordneten. Und so sind vor allem die unter diesem Gesichtspunkt gar nicht hoch genug zu wertenden Versuche unserer heutigen jungen Dichtergeneration zu verstehen und zu achten. Aber auch andere als dichterische Kräfte sehen wir am Werk. Zuweilen waren es die Bühnenarchitekten, die dem Theater ein neues Gesicht gaben, und das ist kein Zufall. Sind sie doch die einzigen am Zustandekommen eines Bühnenwerks Beteiligten, denen die Gesetze des Raumes, der Schwerkraft, des

Gleichgewichts von vornherein vertraut sind. Diese architektonische Fähigkeit stellt sich der oftmals ungebändigten künstlerischen Phantasie hemmend in den Weg, wie sie auch das künstlerische Erleben des Schauspielers im Kampf um neue, strenge Formen beeinflußt. Hier kann also die Architektur zum Träger eines allgemeinen Willens werden, die noch den privaten und individuellen Schauspielertyp in die Reihe zwingt und ihm den Sinn für Proportionen und Maße öffnet.

Die Maßlosigkeit des Theaters hat man in den vergangenen Jahren eines nachgiebigen Liberalismus spüren können. Man konnte damals bemerken, wie sehr die wankenden staatlichen Ausdrucksformen auch im Theater verbindlich wurden und die Bühne im gleichen Maße an Würde verlor, wie das im Staatsganzen der Fall war. Man sah nicht mehr das in einem Schillerschen Sinne ‚Erhabene' im Menschen, sondern die private ‚Individualität', und an die Stelle der großen Bewegung der Herzen trat die saloppe Ungebundenheit einer Geste. Immer wieder stellte sich das blendend Improvisatorische als der bestrickende Teufel dem ernsten Glanz wahrer Kunst entgegen. Aber immer wieder hat der scheinbare Sieg, sei es des Zufälligen, sei es des ‚Natürlichen' in der Kunst, die Künstler zur Abwehr aufgerufen, und viele große Kunstwerke sind aus der Leidenschaft gegen solche Formlosigkeit entstanden.

Aber es steht außer Frage und muß deshalb gewissenhaft vermerkt werden, daß auch die Zeiten der Formlosigkeit mit erlauchten Namen verbunden sein können. Und ich nenne hier einen von denen, der Ihnen allen geläufig sein wird: Stanislawski. Es ist selbstverständlich, daß der große Künstler Stanislawski seine eigene sozusagen ‚biologische' Lebensform auch auf das Theater übertragen konnte. Aber im Augenblick seines Todes mußte zwangsläufig diese persönliche Stanislawskische Form verlorengehen, und es blieben für die Allgemeinentwicklung des Theaters nur gewichtslose, weil allzu persönliche Inhalte. Bedauerlicher: es blieb von diesem Meister des Theaters ein Buch zurück, das nur von solchen Inhalten, nicht aber von ihrer ehemaligen Form erzählt. Ich habe niemals das Glück gehabt, eine Aufführung Stanislawskis zu sehen, aber ich habe von den verschiedensten Menschen immer wieder hingerissen von seinen Aufführungen sprechen hören. Auf das Buch dieses Mannes über seine Arbeit war ich besonders neugierig. Und ich kann Ihnen meine Enttäuschung nach der Lektüre nicht beschreiben. Ich habe Schauspieler Stanislawskis gesprochen, die von seiner unerhörten persönlichen

Magie erzählten und die zweifellos sein künstlerisches Erleben mit ihm geteilt haben. Aus dem Buch – und nur aus dem Buch – aber blieb mir seine Art der Kunst unverständlich und fremd, weil sie von der Epoche des unbedingten Individualismus nicht zu trennen ist. Trotzdem kann ich mir den Erfolg dieses Buches bei Kunsttheoretikern und bei kunstliebenden Laien sehr gut vorstellen. Es sind jene, die – aus tiefer Liebe zum Schauspielerberuf – sich gern mit allen Wesensäußerungen des Darstellers identifizieren, manchmal darum, weil sie selbst verhinderte Schauspieler sind. Es sind die ‚Partiturenleser' der Kunst, deren Augen durch die Notenzeilen so emsig gebannt sind, daß sie an der Musik vorüberhören.

Dem lebendigen Schauspieler unserer Zeit aber kann das Buch nicht viel geben, wenn er ehrlich mit sich selbst ist und wenn er wirklich ein Schauspieler unserer Zeit ist. Bestechend an dem Buch bleibt der Drang und der Zwang zur Wahrhaftigkeit des Ausdrucks. Aber welches Ausdrucks? des persönlichsten, des individuellsten, des minutiös detailliertesten, den eine heute schon überwundene Zeit hervorbringen konnte. Dieser Ausdruck wird durch künstliche Mittel gesteigert – oder jedenfalls vorbereitet. Stanislawski erstrebt für seine Schauspieler eine strenge Klausur. Nun wäre gegen eine solche Klausur grundsätzlich nichts einzuwenden. Nur darf sie keine mönchische Zelle sein. Ich halte es für falsch, den Schauspieler vom wirklichen Leben ausschließen zu wollen. Es ist eine andere Klausur, die ich ihm wünschen würde. Man sollte ihn von aller Öffentlichkeit in gesellschaftlichem und kunstkritischem Sinne fernhalten. Es wird mir zuviel Wesens von den Schauspielern gemacht; es wird zuviel von ihnen und über sie geschrieben; sie werden zu stark seziert, zu eindeutig festgelegt. Vergessen wir nicht: die Schauspielkunst ist eine ewig fließende Welt, aus dunklen, unergründlichen Quellen gespeist, es ist ihr keine Dauer beschieden, in ihr wird der vorüberfließende Augenblick gebannt – ein Spiel der Wellen und Kräfte, das sich nicht fassen läßt.

Lassen Sie mich bei der Erscheinung Stanislawskis noch etwas verweilen. Sie scheint mir das Idealbild für meine Überzeugung, daß das künstlerische Erleben des Schauspielers von der Zeit bestimmt wird. Stanislawskis Einstellung zur Kunst ist vollkommener Spiegel und Abdruck seiner Zeit. Es ist typisch slawische *fin de siècle*-Kunst, sie ist als solche vollendet, national und bezieht ihre Wurzeln aus der Zeit und aus dem Volk. Deshalb ist auch ihr Welterfolg verständlich, denn sie war ein glühende, leidenschaftliche Erscheinung. Aber sie war zeitbedingter als jede Kunstform sonst.

Was soll ein Schauspieler von heute mit dieser Kunsttheorie, mit dieser Anleitung, den Beruf zu erlernen, anfangen? In einer Zeit, die ihn wie jeden anderen an sich reißt und umschmilzt, in einer Zeit, die so eminent politisch ist wie die unsere, kann eine Generation nur Pionierarbeit leisten – und zwar Pionierarbeit im Sinne hoher, allgemein gültiger Kulturaufgaben. Wir sind heute den privaten Lehrbüchern entwachsen, wenn wir auch Stanislawskis Drang zur Wahrhaftigkeit auf der Bühne bewundern.

Dieser Wahrheitsfanatismus brachte ihn zu dem berühmten Paradoxon: „Ich hasse das Theater." Es ist eine liebenswürdige Inkonsequenz und etwas sehr Schauspielerisch-Theatralisches, einen solchen Satz von einem Mann zu hören, dessen liebster Gesellschafter eben dieser Haß war.

Es ist mehr als ein Scherz, wenn ich – das Kapitel Stanislawski abschließend – Ihnen folgendes erzähle. Als ich dieser Tage – in Gedanken an das, was ich Ihnen heute sagen will – in Stanislawskis Buch blätterte, fand ich seinen Bericht über eine der Unterhaltungen mit seinen Schülern. In kollektiver Arbeit wurden die Begriffe der ‚Logik' und der ‚Folgerichtigkeit der Handlung' diskutiert. Der Absatz schließt wörtlich: „Zum Unglück wurde die Unterrichtsstunde wegen der Ohnmacht der Dymkowa unterbrochen. Man mußte sie hinaustragen und einen Arzt rufen."

An das ursprüngliche Talent der Dymkowa glaube ich.

Es ist nun wohl an der Zeit, zum eigentlichen Thema meines Vortrages zu sprechen, obwohl ich es auf Umwegen schon getan habe. Wenn ich immer wieder darauf hinwies, daß es ein absolutes künstlerisches Erleben beim Schauspieler nicht gibt, sondern daß es durch die Zeit bedingt ist, so müßte ich Ihnen jetzt die Frage nach dem künstlerischen Erlebnis des heutigen Schauspielers beantworten. Nun, ich habe vor der Beantwortung dieser Frage nicht umsonst lange Satzperioden gebaut. Es ist die Frage, die ich am wenigsten gern beantworte.

Wir leben in einer Zeit der Umwertung aller Werte, die auch das Theater einbezieht. Noch ist der Ausdruck des heutigen Theaters nicht einheitlich, wie es die verschiedenen in ihm vertretenen Generationen noch nicht sind. Schon aber zeichnet sich deutlich der Weg ab, den das Theater gehen wird.

Und gerade der Krieg nimmt das künstlerische Erleben des Schauspielers in seine harte Schule. Es wird Sie nicht überraschen, wenn ich Ihnen von mir persönlich sage: mein stärkstes künstlerisches Erlebnis der letzten Jahre war eine Wehrmachtstournee, die ich unternahm. In einem Kriege, der um Sein oder Nichtsein der Existenz von fast hundert Millionen Deutschen geht, vor den Krieger hinzutreten und ihm den Schein des Lebens vorzuspielen – ihm, der das Leben selbst in blutigsten Gefechten eingesetzt hat, das ist eine unerbittliche Probe auf die Wahrhaftigkeit unserer Kunst. Hier muß unsere Wirklichkeit – die Wirklichkeit des holden oder großartigen Scheins – gegen die Wirklichkeit des kriegerischen Erlebnisses und seine Kämpfer bestehen. Da gibt es keine billige Anbiederung, kein Augenzwinkern, kein Beiseiteflüstern. Da muß gedient und bekannt werden, wie dieses Publikum auf den Schlachtfeldern gedient und bekannt hat. Augen, die den Tod gesehen haben, blicken scharf. Und es bedarf einer strengen Disziplin des Darstellers, wenn es ihm aufgegeben ist: vor Soldaten den Soldaten zu spielen oder vor dem Krieg den Krieg.

Hier wird besonders deutlich, wenn ich sage: Es darf immer nur die Idee des Darzustellenden, das Allgemein-Gültige gespielt werden – also hier nur die Idee des Soldatischen, die Idee des Krieges. Und unser Wille, die Hingegebenheit an unsere Sache, die zugleich die Sache des ganzen Volkes ist, muß noch das Requisit beseelen, wenn sie uns befähigen soll, der großen Aufgabe würdig zu sein.

Dieses Publikum ist unverbildet, frei, gläubig, doch an keine gesellschaftliche, künstlerische oder sogar ästhetische Rücksicht gebunden, wie das Publikum der Großstadt. Namen, die im Kreise der Experten die Runde machen und mit Andacht genannt werden, besagen ihm nichts. Es will das Stück, die Dichtung, die Leistung. Es will die Schauspielkunst anonym, wie sie einst die Griechen, die Germanen wollten. An Kampf gewöhnt, des eigenen Wertes bewußt, fordert es den Schauspieler gleichsam heraus. Und der Schauspieler dieser tiefsten Antithese: Darsteller und Zuschauer, dieser erregenden und in seinen Nerven vibrierenden Gegnerschaft sich bewußt, weiß, daß er sich in einer hohen, künstlerisch verpflichtenden Bereitschaft verteidigen und selbst angreifen muß, um gleichsam zum ersten Male die Auszeichnung des Beifalls zu erwerben. Das ist das Erlebnis des Krieges, vom Schauspieler her gesehen. Sie werden verstehen, daß es unvergeßlich ist und über die flüchtigen Stunden des Spiels hinaus wirkt.

Immer wenn wir jetzt am Abend vor dem Publikum der großen Städte stehen, werden wir uns dieses soldatischen ‚Treffens' erinnern und in unsern Alltag die noch gesteigerte Verantwortung mitnehmen, die wir auf der Bühne dem Krieg schuldig sind. Ich glaube auch, daß dieser Krieg, der jedem einzelnen den letzten Krafteinsatz abfordert, und die ihm nachfolgende Neuordnung das Gesicht der Schauspielkunst verändern werden.

Vielleicht wird das kommende Theater Europas, das ein Theater der Form sein wird, sich ganz neue Typen der Schauspieler heranbilden, ja vielleicht wird es ganz neue Stätten erstehen lassen, an denen es seine Spiele aufführt. Auf jeden Fall wird es das künstlerische Erleben des Schauspielers so entscheidend wandeln, wie sich die Zeit gewandelt hat.

Wenn ich vom künstlerischen Erleben des Schauspielers spreche, spreche ich vom künstlerischen Erleben des gesamten Schauspielerstandes. Selbstverständlich ist das Erlebnis des einzelnen Darstellers so vielfältig wie die Persönlichkeiten, auf denen das Theater steht. Diese Vielfalt im einzelnen aber berührt unser Thema nicht, denn ich will über das künstlerische Erleben meines Standes – und nicht über das Erlebnis der jeweiligen Persönlichkeit – sprechen.

Das darstellerische Gesamterlebnis, wie ich Ihnen schon sagte, ist geheimnisvoll. Und ich glaube hinzufügen zu müssen: fast nie deckt sich der innere Vorgang im künstlerischen Erleben des Schauspielers mit seiner äußeren Erscheinungsform. Das wissen die Darsteller, die sich bei der Arbeit gegenseitig beobachten, am besten. Diese Erkenntnis ist noch nicht allgemein. Wir leben in der Zeit einer Kunstbetrachtung, die nicht mehr ‚Kritik' ist. Begreiflicherweise fehlt ihr zuweilen noch die ausgereifte Überlegenheit, die weise und hilfreich als wirkliche ‚Betrachtung' den Weg des Darstellers begleitet. Schafft ein Künstler aus dem tiefen Gefühl und wird ihm diese glückhafte Veranlagung Jahr um Jahr immer von neuem öffentlich bestätigt, so muß es eines Tages um seine Arglosigkeit geschehen sein. Der Darsteller wird eben plötzlich wissend. Er kennt seine Herztöne, er versucht und versteht sie bewußt einzusetzen, eine Tatsache, die im Endeffekt gleichgültig sein mag, die aber, wie Sie zugeben werden, sein künstlerisches Erleben von Grund auf ändert.

Alle ursprünglichen Geschöpfe, Kinder, Tiere und auch Völker, verlieren durch Beobachtung und Kontrolle die Naivität und die selbstverständliche Unbefangenheit. Ich darf hier an den Aufsatz Heinrich von Kleists *Über das Marionettentheater* erinnern. Der Dichter schildert den Vorgang, wie ein Jüngling unbewußt den Ausdruck der Statue des Dornausziehers annimmt, jedoch, als er sich beobachtet und erkannt fühlt, nicht mehr in der Lage ist, jene frühere Stellung zu wiederholen. Und je mehr er sich bemüht, um so weniger gelingt es ihm.

Es ist schon so, daß viele unserer emporgelobten Schauspieler gar nicht mehr wissen, wo sie mit ihrer Großartigkeit noch hinsollen. Doch ist es schwer, jahrzehntelang zu den ersten Schauspielern des Landes zu gehören, es zu wissen und zu wissen, daß man es weiß, und sich immer von neuem bewähren zu müssen; doppelt schwer für den gleichsam aus dem Unbewußten schaffenden Künstler. Und wir erleben immer wieder die Tragödien und Krisen bei den Schauspielern, deren Person man unglücklicherweise mit ihrer Darstellungskunst in eins setzt. Nur die stärksten konnten Kunst und Persönlichkeit trennen, wenn sie auch bisweilen ins Extrem umschlugen.

Die große Eleonore Duse wurde menschenscheu. Josef Kainz hingegen, den ich als Schauspieler nicht mehr erleben durfte, von dem wir aber wissen, daß er sich in seinem höchstbeherrschten Stil zu einer vollendeten Form bekannte – Kainz betonte in seinen Lebensäußerungen eine liebenswürdige, etwas lässige Formlosigkeit.

Gerade in jener vergangenen individualistischen Stilepoche, in der Kainz eine Ausnahme blieb, war das künstlerische Erleben des Schauspielers aufs höchste gefährdet. Er glaubte, sich auf seine eigene private Persönlichkeitswirkung verlassen zu müssen oder zu dürfen, während nur eine strenge Form seine Rettung gewesen wäre. Denn die Sucht nach falscher Wahrheit, nach falscher ‚Natürlichkeit' geht so weit, daß sie das Können verdächtigt hat und dem Begriff Könnerschaft einen fatalen Beigeschmack gab. Dabei ist doch das Können, die Beherrschung des Handwerks – das heißt also das Erlernbare – wie in allen Berufen so auch beim Schauspieler die Voraussetzung seiner Leistung.

Die Darsteller aber, die ihre sogenannte Natürlichkeit gegen das Können ausspielen, möchte ich als Egoisten unserer Kunst bezeichnen. Denn es geht ja um die Darstellung und die bewußte Erlebnisform in einer anderen, künstlerischen, ja künstlichen Welt und nicht um die Schauspieler und ihr Innenleben.

Wie unvorstellbar sind für uns heute schon die sich genialisch gebärdenden Schauspieler mit Schlapphut und Radmantel. Hier hat sich einfach der Typ gewandelt – in derselben Weise, wie der Begriff des Heldischen wieder eine neue Deutung, seine echte Deutung erfahren hat. Und denken wir auch hier wieder an Adalbert Matkowsky. Selbst sein Genie brauchte die Verkleidung noch im zivilen Leben. So wandelte er in einer Mönchskutte zwischen den

Kostbarkeiten seines Hauses umher, den alten Schwertern, Rüstungen und Möbeln der deutschen Renaissance. Welche dämonischen Kräfte aber umwitterten ihn gleichwohl! Wie falsch dagegen ist der bourgeoise Begriff von dem ‚heiteren Künstlervölkchen', der vielleicht für manche der vielen Mitläufer paßt, aber niemals für die wahren Vertreter im Reiche unserer Kunst. Es ist der Wunschtraum von der falsch verstandenen Freiheit der Schaffenden, der auch im Gehaben einer spießbürgerlichen Bohème einstmals seinen Ausdruck gefunden hat.

Heute unterscheidet sich der Schauspieler auch äußerlich meist in keiner Weise von seinen Mitmenschen. Er unterscheidet sich von ihnen nur durch besondere Fähigkeiten, die ihn zu besonderen Leistungen verpflichten. Über diese Fähigkeiten hinaus bleibt primär seine Verpflichtung zum Ganzen, in dem er, wie jeder andere, seinen Platz einzunehmen hat. Dort wirkt er als einer der Wächter, dem ein großes Erbe, dem die Bühnenkunst der Gegenwart und Zukunft anvertraut ist. Diese Verpflichtung ist die Quelle, aus welcher der künftige Schauspieler sein künstlerisches Erlebnis speist.

Dieser Ausgangspunkt muß allen gemeinsam werden, und unter diesem einigenden Gedanken werden dann auch die sittlichen und formalen Ansprüche zu bewältigen sein, die an den Schauspieler zu stellen sind.

Der heutige Darsteller spielt die Meisterwerke der griechischen und deutschen Klassik, des Barocktheaters und des Theaters der Gegenwart. Kunsthistorisch scheint es bedenklich und widerspruchsvoll zu sein, daß ein und dasselbe Theater, daß die gleichen Schauspieler heute Goethe und Schiller, Aischylos und Sophokles, morgen Shakespeare, Calderón und Racine, übermorgen ein Werk der naturalistischen Form spielen sollen. Kunstpraktisch ist es unendlich wichtig, daß die Bühne es tut, weil alle diese Werke in ihren Spitzenleistungen unvergängliche Werte des Theaters bedeuten und immer wieder zur Diskussion gestellt werden müssen, bis eine neue, in sich gefestigte Zeit ihre eigenen Kunstentscheidungen trifft.

Um noch einmal mit Ernst Jünger zu sprechen: „Wer zur Ordnung vordringen will, muß sich auf die Kunst des Vergessens verstehen." Wir müssen in der Tat vieles vergessen. Aber vergessen kann nur, wer einmal gewußt hat, wem sich die Zusammenhänge entschleiert haben. Dann wird das Vergessen heilsam gewesen sein, und dann wird der Schauspieler zu neuer Ordnung, das heißt zu neuem künstlerischem Erleben vordringen.

DER HUND DES AUBRY

Als dieser Vortrag, Februar 1943, in der ‚Kameradschaft der Künstler', einem Klub von Schauspielern, Künstlern und Journalisten, der unter der Direktive von Goebbels' Propagandaministerium stand, vor der Gegenpartei also gehalten wurde, stand Gründgens im Begriff, als Soldat Kriegsdienst zu tun.

Er war zu einer exponierten Stellung hinaufgetrieben worden, deren Faszination für den Betrachter etwas Zwielichtiges hatte: sie schien Frevel und zugleich Begnadung. Während wir anderen suchten, möglichst wie Feldmäuse in Löchern verborgen zu bleiben, stand er hoch hinausgehoben, für jedermann hüben wie drüben sichtbar, im grellen Scheinwerferlicht, ununterbrochen offenen und tückischen Anschlägen aus jeglichem Lager ausgesetzt; die schwindende Macht Görings konnte kaum noch als Schutz gelten. Und die Last der menschlichen Verantwortung, die damit verbunden war – denn der Sturz von Gründgens bedeutete die Vernichtung vieler, für die er inzwischen einstand – ist von der Position des Betrachters aus gar nicht zu ermessen.

Nachdem Goebbels in einer Versammlung im Sportpalast den totalen Krieg verkündet hatte, bat Gründgens am 26. Februar 1943, dem neunten Jahrestag seiner Berufung, Göring in einem Brief um die Genehmigung, sich zum Militärdienst melden zu dürfen. „Die Zeit und mein Entschluß", schrieb er, „kommen meinem leidenschaftlichen Wunsch nach Eindeutigkeit, Einfachheit, Kompromißlosigkeit so sehr entgegen, wie mein augenblickliches Tun … ihm widersteht." Er sah sich außerstande, auf dem Platz, an den er gestellt war, mit den Bedrängnissen seiner Situation fertig zu werden. Er entledigte sich damit nicht der Verantwortungen, offiziell blieb er Intendant, für Spielplan und Personalpolitik verantwortlich. Nach dramatischen

Auseinandersetzungen mit Göring wurde er im Juni 1943 bei der Flak in der Nähe von Amersfoort eingestellt.

Der Titel, den ich für meinen Vortrag gewählt habe, mag scherzhaft klingen, aber die Fragen, aus denen sich mein Thema zusammensetzt, sind seit neun Jahren der alleinige Inhalt meines Lebens.

Wenn ich mich nun heute dazu entschließe, einmal als Theaterleiter über meinen Beruf zu sprechen, den ich seit bald fünfundzwanzig Jahren in allen denkbaren Funktionen – als Schauspieler, als Spielleiter des Schauspiels, als gelegentlicher Opern- und Filmregisseur – ausüben darf, so tue ich es in dem Bewußtsein eines Mannes, dessen Stellung im deutschen Kunstleben ihn vor dem Verdacht, für sich und nicht für eine Sache zu sprechen, bewahrt.

Ich hätte mein Thema im Gegensatz zu meinem Vortrag ‚Über das künstlerische Erleben des Schauspielers' auch etwa ‚Über das unkünstlerische Erleben des Bühnenleiters' nennen könnnen.

Der Beruf eines Theaterleiters ist, glaube ich, nicht zu erlernen. Man ist es, oder man ist es nicht. Wenn Sie sich recht erinnern, waren wir alle sehr überrascht, als ich es vor neun Jahren wurde. Ich kann Ihnen versichern, so überrascht wie ich selbst, kann damals keiner von Ihnen gewesen sein. Inzwischen habe ich mich an die Tatsache gewöhnen müssen, daß ich ein Theaterleiter bin.

Die Aufgaben des Theaterleiters sind zwar heute im Kriege besonders vielfältig; sie lassen sich jedoch in zwei große und gleichwichtige Gebiete einteilen; Es sind dies erstens die Aufgaben, die die Zeit ihm stellt, und zweitens die Aufgaben, die der Tag ihm stellt. Lassen Sie mich gleich hier sagen, daß die ersten die leichteren sind und daß die zweiten, die Aufgaben des Tages, namentlich in Kriegszeiten überhand zu nehmen drohen und daß es die größte Gefahr für einen Theaterleiter ist, bei den ständigen Arbeiten für den Tag und für die Stunde, die größeren Aufgaben aus den Augen zu verlieren.

Welches also sind die größeren Aufgaben, die die Zeit dem Theaterleiter stellt?

Ich will mich ganz präzise ausdrücken. Und weil der Theaterleiter ein Mann der Praxis ist, will ich mit den praktischen Forderungen der Zeit beginnen, ehe ich mich auf Theorien und Ideologien einlasse: es sind die Planungen auf Sicht, die das Theater für die nächste, die übernächste und eine dritte und weitere Spielzeit aufstellt. Es ist die bewußte und behutsame Pflege des dichterischen und des darstellerischen Nachwuchses, die in diesen Planungen erscheint; es ist der Spielplan in großen

Zügen und auf Jahre hinaus gedacht, weil ein einziges Jahr niemals das Gesicht des Theaters widerspiegeln kann. Sie werden mir sicher darin rechtgeben, daß gewisse Schauspieler gewisse Rollen erst dann zu ihrer vollen Reife bringen können, wenn sie selbst um fünf oder sogar auch um zehn Jahre gereift sind. Und es ist im Sinne dieser Planung manchmal notwendig, einem Darsteller oder einer Darstellerin schon heute ein Fach zu eröffnen, das sie erst in Jahren ganz erfüllen werden. Wenn ich zum Beispiel weiß, daß der Schauspieler X in fünf Jahren der ideale Macbeth und die Darstellerin Y die ideale Kriemhild sein wird, so werde ich diese Werke zunächst zurückstellen, hingegen gewissermaßen als Vorschulung ähnliche Rollen, die nicht so exponiert sind, diesen Schauspielern geben, denn wir müssen rechtzeitig der Gefahr begegnen, daß immer die gleichen Rollen von den gleichen Darstellern gespielt werden, auch wenn sie diesen Rollen vom Alter her vielleicht schon entwachsen sind. Wir müssen rechtzeitig dem Nachwuchs Gelegenheit geben, sich in neuen größeren Fächern zu erproben.

Nun aber spezialisiert sich diese Forderung der Zeit als Forderung der Kriegszeit. Für wen spielen wir heute Theater? Für die ‚gemeinsame Front aus Feld und Heimat'! Deshalb steht auch das ethische

Prinzip unseres Spiels fest: ‚Erhebung – Entspannung – Erheiterung'. In dieser Dreieinheit kündet sich unser Spielplan grundsätzlich an. Und wir werden jetzt sehen, wie er sich im einzelnen aufbaut.

Lassen wir zunächst einmal die ‚Entspannung' und ‚Erheiterung' außer acht: sie ist in jedem Falle leichter – und mit leichteren Mitteln zu schaffen. Bleiben wir bei der ‚Erhebung', die in Kriegszeiten das in erster Linie verpflichtende Element des Theaters ist.

Diese Forderung der Zeit erfüllen wir – das mag beinahe paradox klingen – aus den zeitlosen Schätzen unserer klassischen Literatur. Das große Zeitlose, Abgründe überbrückend und Wunden heilend, fügt sich geheimnisvoll und mühelos in den Tag. Aber der Tag selbst fügt sich nicht in gleicher Weise mühelos in die Zeit – ich meine damit: das Werk, das dem Tag des Krieges seine Entstehung verdankt, das über den Tag erhoben sein soll, vermag die großen Horizonte der Zeit nur selten mit seinem Flügelschlag zu streifen. So ist dem Spielplan vielleicht eine Überlagerung mit Klassikern anzumerken. Darin ist aber, gleichsam a priori, die Not schon zur Tugend geworden. Es kann darin im Sinne der von uns geforderten ‚Erhebung' des Menschen ein Zuviel nicht geben.

Aber – ich will ja vom *Hund des Aubry* sprechen, den ich später genauer definieren werde: dieser Hund liegt nicht im Gefilde der Klassiker begraben, sondern in den zeitnahen Bezirken, wo die Gegenwartsdichtung wächst, wo die Regie ihres Amtes waltet und der Intendant den Alltag des Theaters betreuen muß. Hier die Forderungen des Tages mit den Aufgaben der Zeit in Beziehung zu setzen, ist in der Tat „ein Ziel, aufs innigste zu wünschen" – ein Ziel aber, von dem wir noch reichlich weit entfernt sind.

Wenn ich die Broschüren alle gelesen hätte, die über *Das Theater*, über *Theaterführung*, über *Dramaturgie* und *Das Theater in dieser Zeit*, über *Spielplangestaltung* und *Behandlung des dichterischen Nachwuchses* im Laufe meiner neunjährigen Amtstätigkeit erschienen sind, würde ich keine Zeit mehr gehabt haben, die Staatlichen Schauspiele zu führen, ein Stück zu inszenieren oder eine Rolle zu spielen.

Es ist so leicht, einen idealen Spielplan aufzustellen, es ist so leicht, das deutsche Nationaltheater zu planen, und es ist so verflucht schwer, es in die Tat umzusetzen. Ich sagte vorhin, daß man zum Theaterleiter geboren sein muß. Was mich angeht: schon als Kind in der Schule hat mir ein Gleichnis aus der Bibel zu schaffen gemacht. Jesus ist bei den

Schwestern des Lazarus, Maria und Martha, zu Besuch. Martha ist rührig, schrubbt den Fußboden, putzt die Fenster, heizt die Öfen, bereitet das Mahl, stellt Blumen ins Zimmer, während Maria, unbelastet von den Dingen des Alltags, zu Füßen des Herrn sitzt. Gut, sie soll es. Aber wenn dann Christus zu ihr sagt: „Du hast das bessere Teil erwählt", wandte sich mein Mitgefühl schon als Kind Martha zu. Denn: diese Maria hat später die Generationen von Theoretikern des Theaters geboren, seine Kritiker und Referenten, während Martha die Urmutter der Intendanten war.

Es gibt im Kopf unserer Theatertheoretiker eine Zelle, aus der bei der theoretischen Gestaltung eines deutschen Spielplanes automatisch eine Reihe von zehn bis fünfzehn Namen auftauchen. Ich will hier keine Namen nennen, jeder Theaterdirektor kennt sie, und ich würde jedem Unrecht tun, den ich in diesem Zusammenhang erwähnte, denn es handelt sich durchweg um großartige Männer. Ihre künstlerischen Meinungen waren und sind höchst bemerkenswert, und wenn man ihre Werke liest, so kann man ihnen Achtung, ja Ehrfurcht nicht verweigern. Aber es ist ein anderes, ein Drama zu lesen, und ein Drama gespielt zu sehen. Und spielbar sind diese Werke meistens doch nicht. Es sind eher Lesedramen als Theaterstücke: sie behaupten mit Können und Geist ihre theatralische Existenz, aber sie beweisen sie nicht, weil ihnen jenes Urelement des dramatischen Dichters fehlt – die Gewalt des Lebens, empfangen aus dem Atem der Schöpfung. Diese Theoretiker sind sehr akkurat, sehr kultiviert, aber ihre Form reißt nicht mit, der akademische Talar entfremdet sie dem ursprünglichen Gefühl. Sie erstreben vergeblich, was in der deutschen Theatergeschichte nur einem Einzigen gelungen ist: Theorie in Blut zu verwandeln, Lehrsatz in Menschenschicksal umzuschmelzen. Dieser Einzige war auch der Erste, der deutsche Theaterstücke schrieb. Sie sollten nichts als Musterbeispiele sein, – und es wurden Dichtungen, weil ihr Verfasser nicht nur ein Kritiker, sondern ein Genie war. Es war – ich brauche ihn vor Ihnen kaum mehr zu nennen – Lessing, der nach seiner eigenen Aussage „schwer arbeitete" und die Worte „wie durch Röhren" aus sich herauspumpte. Aber wenn diese Worte auf dem Papier standen, waren sie klar wie Kristall, zuchtvoll und doch geflügelt, von einer anderen Welt entsandt. So schuf er die *Minna*, „aus deutschen Anlässen, mit deutschem Gemüt", das noch immer schönste Lustspiel unserer Sprache. So kam er zu *Emilia Galotti*, anfangs „alle sieben Tage sieben

Zeilen schreibend" – und das erste deutsche Trauerspiel wurde im Zeitraum von etwa zehn Jahren vollendet, nachdem es, wie die *Minna*, unter dem Wetterleuchten des Siebenjährigen Krieges empfangen war.

Sicher sind die Stücke der von mir nicht genannten schätzenswerten Dramatiker schneller, unter glücklicheren Bedingungen entstanden, und gewiß produziert der dramatische Nachwuchs vielfach im Schreibmaschinentempo. Aber das ist Sache der Veranlagung. Der Theaterleiter kann und darf sich nur mit den Ergebnissen auseinandersetzen. Und ich muß gestehen: es gibt viele Stücke junger Autoren, die ich nicht gespielt habe. Sie könnten mich fragen – und Sie tun es ja: „Warum spielen Sie dann den *Hund des Aubry*?" und: „Warum spielen Sie nicht das Stück des jungen Dichters Y?" Betrachten wir uns diesen *Hund des Aubry* etwas genauer.

Wer ist eigentlich der *Hund des Aubry*? Er ist ein Kind, das der Zwang mit der Verlegenheit gezeugt hat. Der Zwang, daß an jedem Tag im Jahr der Vorhang über etwas aufgehen muß, ist sein Vater, und die Verlegenheit, worüber nun der Vorhang aufgehen soll, ist seine Mutter. Dieser Hund lebt mit Vorliebe in verstaubten Theaterbüchern und tritt zu gewissen, periodisch feststellbaren Zeiten aus seiner

Verborgenheit hervor. Die Intendanten sucht er mit größter Regelmäßigkeit mindestens einmal im Jahr auf. In Kriegszeiten pflegt er öfter zu kommen. Namen hat er viele. Mal gibt er sich ernst, mal heiter. Er ist überhaupt ein Sammelbegriff. An sich ist er ungefährlich, und er kann sogar, wenn man ihn richtig behandelt, zu einer erfreulichen Erscheinung werden. Als sich zum Beispiel der Hund des Aubry mit dem Namen *Preciosa* tarnte, gelang es seinem Dresseur, ihm die artigsten Kunststückchen beizubringen. Kommt er in Gestalt von Einakter-Abenden angeschlichen, ist weniger mit ihm anzufangen. Er wird in gewissen Kreisen allgemein überschätzt, da ihn der Theaterleiter meist zuerst erblickt und erkennt, und es selten vorkommt, daß er ihn mit dem Pegasus verwechselt.

Übrigens spiele ich den *Hund des Aubry*, wie immer er sich auch nennen mag, gar nicht, sondern ich gebe meinen Regisseuren Gelegenheit, amüsante Paraphrasen über arglose Themen zu gestalten. Aber das Stück X des Dichters Y spiele ich nicht, weil ich den jungen, hoffnungsvollen Autor nicht durch einen Mißerfolg diskreditieren will, einen Mißerfolg, wohlgemerkt, an der ersten Bühne des Reiches. Ich deutete es neulich einmal kurz an: in keinem Land der Erde gibt es ein so bis ins kleinste

Dorf hineingehendes Bedürfnis nach Theater, und in keinem Land der Welt eine solche Anzahl von Theatern wie in Deutschland. Ist es nicht natürlich und sinnvoll, wenn ich auf dem Standpunkt stehe, daß das Maß, das ich als Leiter der Staatlichen Schauspiele in Berlin an die Werke der Autoren von heute lege, das Maß ist, welches das deutsche Theater in seiner Gesamtheit an die Werke der Autoren der Gegenwart legt. Es ist nicht zu fürchten, daß es ein dramatisches Talent in Deutschland gibt, das bei den zweihundert Bühnen, die wir haben, nicht zu Worte kommt, es sei denn, daß es aus bestimmten Gründen nicht zu Worte kommen soll. Ich bin im Gegenteil der Auffassung, daß den jungen Autoren eher zu viel als zu wenig Beachtung geschenkt wird. Es wird selten einem von diesen Männern gelingen, ein Stück zu schreiben, ohne einen Preis dafür zu bekommen. Sie werden mir antworten: aber an der Aufführung lernt erst der Autor! Darauf sage ich Ihnen: ja, er soll ja auch aufgeführt werden, an den zweihundert Bühnen des Landes soll er aufgeführt werden und sich erproben. Aber die Spitzentheater haben repräsentative Verpflichtungen, die keineswegs dekorativer Art sind, sondern höchste geistige, künstlerische und seelische Belange repräsentieren, und sie dürfen sich deshalb nur solchen Werken öffnen, in denen vom großen Wollen und Denken unserer Epoche wenigstens ein Hauch zu verspüren ist. Am *Hund des Aubry* stößt sich zwar mancher Theoretiker, aber niemand wird an dem Erscheinen dieses Hundes im Spielplan – in welcher Gestalt auch immer – den Stand des deutschen kulturellen Lebens und der deutschen Theater-Dichtung von heute ablesen. Und das ist das Entscheidende.

Hingegen läßt die Aufführung eines lebenden Autors, die immer ein Bekenntnis ist – und manchmal eine Aufforderung zum Tanz –, auf den Stand der heutigen Produktion schließen. Und da wächst allerdings die Verantwortung ungeheuer. Deshalb können Sie, wenn Sie unsere Spielpläne verfolgen, feststellen, daß wir oft ein Erstlingswerk eines jungen Autors aufführen, eben um ihn zu ermuntern, seine weitere Produktion aber nicht mehr spielen, da sie die Erwartungen, die man in sie setzte, nicht erfüllt. Eine Aufführung soll kein Freibrief sein, sich das Leben leichter zu machen, sondern eher das Gegenteil. Ich glaube, jeder Autor wird nur die Hingabe bestätigen, die wir an die theatralische Verwirklichung seines Werkes setzten. Den gleichen Fanatismus erwarten wir auch von ihm.

Es muß klipp und klar ausgesprochen werden: es gibt heute viel dichterisches Bemühen, den großen

Dichter unserer Zeit gibt es – ich möchte sagen: Gott-sei Dank – noch nicht. Es wäre, wenn Sie es sich überlegen, auch unnatürlich. Ein Volk, ein Staat, das kulturelle Leben sind im Schmelztiegel. Woher sollen denn, und aus welcher Ecke, heute Werke kommen, die schon anzeigen, was werden wird? Die schöpferischen Menschen haben auch im Kriege größtenteils bei ihrer Arbeit bleiben können. Es kann aber doch kein Zweifel darüber herrschen, daß der Frontsoldat, wenn er zurückkommt, wie überall auch auf geistigem Gebiet, Einfluß beanspruchen wird. Man kann von den Autoren nichts verlangen, was nicht ihre Sache ist; aber eines wenigstens wird man von ihnen doch erwarten können: die Beherrschung ihres Handwerks.

Sie können sich aber keinen Begriff davon machen, wie ‚ungekonnt' die meisten Stücke sind, die eingereicht werden. Warum greifen wir denn immer wieder auf Werke aus dem achtzehnten, neunzehnten und dem Beginn des zwanzigsten Jahrhunderts zurück? Warum bellen die Hunde des Aubry immer wieder? Weil sie wenigstens die Forderungen der Bühne und die elementarsten dramaturgischen Gesetze erfüllen, ohne die es nun einmal nicht geht.

Und das gleiche gilt von der Wahl ihrer Themen! Mit nachtwandlerischer Sicherheit werden gerade die Stoffe aufgegriffen, an die man zur Zeit besser nicht rührt.

Hier muß auch von einer gewissen Überempfindlichkeit gesprochen werden. Da konnte man lesen, es sei schon Tradition geworden, jedes Theaterjahr mit einem Klassiker zu beginnen, und es wurde vorgeschlagen, von dieser Gepflogenheit abzuweichen, „die Fanfare der neuen Spielzeit ein Werk der Jugend sein zu lassen“. Das ist auch so ein Satz, der sich wunderbar schreibt und liest. In die Praxis umgesetzt, würde es leider anders aussehen. Die Theater würden zwar die jungen Dichter spielen, die Fanfaren aber würden sich meistens in die berühmten Pauken und Trompeten verwandeln. Man kann heute – und damit komme ich zu der erwähnten Überempfindlichkeit – moderne Stücke kaum mehr aufführen, ohne daß sich jemand getroffen und in seiner Ehre gekränkt fühlt. Wie muß es mit der Ehre der Person oder der Würde der Arbeit bestellt sein, wenn in einem guten Stück ein guter Witz über einen Mann und einen Beruf gemacht wird, und sie nicht den Feilstrich mit der Kratzbürste des Humors verträgt?

Zu welchen Konsequenzen das führt, will ich Ihnen an einigen Beispielen unserer Klassiker aufzeigen.

Die Zeit prägt sich uns in allem auf, sie begleitet uns auch ins Theater, sie begleitet den verantwortungsvollen Theaterleiter nicht nur zu einer Aufführung, sondern zu einer täglichen Überprüfung der Stücke, die bei ihm gespielt werden. Denn ein Satz, der heute noch arglos ist, kann morgen schon durch ein Zeitgeschehen in ein anderes Licht gerückt werden. Um ein harmloses Beispiel zu nennen: An dem Tage, als der Herr Reichsmarschall seine Sportpalastrede hielt, in der er über Sinn und Zweck des deutschen Generalstabes sprach, spielte ich abends *Faust II*, und als ich an die Stelle kam, die bis dahin unbeachtet geblieben war und es auch acht Tage später wieder blieb, gab es an diesem Abend im Publikum eine heitere Reaktion; es geschah bei dem Satz:

> Laß du den Generalstab sorgen,
> Und der Feldmarschall ist geborgen.

Zwischen den Sätzen des Reichsmarschalls und den Worten Goethes bestand gewiß keine Beziehung.

Es sind aber auch bei klassischen Dichtungen gelegentlich da Striche angebracht, wo das Geschehen auf der Bühne nicht so stark ist wie unser für Aktualität geschärfter Sinn. Um hier ein Beispiel zu nennen:

Man hat meiner *Faust*-Inszenierung als merkwürdig angekreidet, daß ich im Osterspaziergang den

Anfang, der das harmlose Treiben des Volkes zeigt, gestrichen hatte. Ich will Ihnen die Stellen vorlesen, die ich gestrichen habe:

Nein, er gefällt mir nicht, der neue Burgemeister!
Nun, da er's ist, wird er nur täglich dreister.
Und für die Stadt, was tut denn er?
Wird es nicht alle Tage schlimmer?
Gehorchen soll man mehr als immer,
Und zahlen mehr als je vorher.

Ferner:

Nichts Besseres weiß ich mir an Sonn- und Feiertagen,
Als ein Gespräch von Krieg und Kriegsgeschrei,
Wenn hinten, weit in der Türkei,
Die Völker aufeinander schlagen.

Und zum dritten:

Herr Nachbar, ja! so laß ich's auch geschehn:
Sie mögen sich die Köpfe spalten.
Mag alles durcheinander gehen;
Doch nur zu Hause bleib's beim alten.

In einer Zeit totalen Krieges klingt das doch nicht gar so harmlos. Ich habe diese Striche vorgenommen, weil mir eine von Goethe niemals gemeinte und den heiteren Frieden des Osterspazierganges, den mancher vermißt hat, empfindlich störende Aktualität die Dichtung überschwemmt hätte.

Ich habe mich mit Freuden zu der schönen reinen Dichtung Hans Baumanns, *Alexander*, bekannt, aber ich habe das Werk mit Beginn des Russenfeldzuges abgesetzt, weil da Parallelen auftauchten, die mir stärker als das Stück zu sein schienen.

Man hat gemeint, daß gerade heute, da die Theater sowieso überfüllt wären, die Zeit gekommen sei, im Spielplan anspruchsvoller zu werden und sich wagemutiger auch für Werke einzusetzen, deren Erfolg zweifelhaft sei. Dieselben Männer, die derartige Thesen verkünden, sind die ersten, die mit Recht vor Experimenten als einer zur Zeit untunlichen Beunruhigung des Publikums warnen. Mit Recht! eben weil wir heute nicht mehr arglos sind und vor thematisch oder formal neuen Versuchen immer geneigt sind, eine vom Autor nie gemeinte Beziehung zum Tag zu unterstellen. Wenn in einem Klassiker oder in einem modernen Stück drei Sätze vorkommen, die über die Jahrhunderte hinweg gesprochen sind und die darum mit der Leitartikelüberschrift des Abendblattes in Widerspruch stehen, wittere man nicht gleich den nach einhundert Jahren nunmehr endlich offenbar gewordenen Hochverratsversuch Goethes, Schillers oder Kleists. Wir haben gesehen, daß die allgemeine politische Empfindlichkeit außerordentlich stark ist. Aber noch stärker scheint mir heute die Empfindlichkeit der einzelnen Berufssparten; man fühlt sich schon getroffen, wenn ein Feuerwehrmann aus dem Jahre 1860 dem Alkohol huldigt oder ein Briefträger auf der Bühne eine tragikomische Rolle spielt. Wen, um Gottes willen, kann man heute noch auf der Bühne typisieren, ohne daß sich jemand gekränkt fühlt? Vielleicht noch die Wissenschaftler, denen man ja – fälschlicherweise – auch heute immer noch ‚Weltfremdheit' bescheinigt, und ganz bestimmt uns Schauspieler. Wir, die wir auf der Bühne zu Hause sind, wissen sehr wohl zu unterscheiden zwischen der Fabel, die nur Anlaß zum Spiel ist, und einer Fabel, die um ihrer selbst willen Anspruch auf Allgemeingültigkeit erheben kann. Und ich finde, jede Kategorie von Bühnenstücken hat ihre Berechtigung, wenn sie den Anspruch, den sie selbst stellt, auch erfüllt.

Das heißt: ist ein Drama ein Drama, eine Komödie eine Komödie, ein Lustspiel ein Lustspiel, dann kann man es eigentlich immer spielen. Nur wenn mir wieder Dramen, die keine sind, Komödien, die welche sein möchten, auf den Tisch fliegen, pfeife ich, halten zu Gnaden, nach dem *Hund des Aubry*. Und es gibt leider so unendlich viele in ihrer Gesinnung

– ich meine nicht die weltanschauliche, sondern die künstlerische Gesinnung – unentschiedene Werke. Und diese Unentschiedenheit führt immer zur Verschwommenheit, und diese Verschwommenheit zur Sentimentalität. Dieser Sentimentalität möchte ich, ganz bewußt, jene unbeirrbare Werk-Gesinnung gegenüberstellen, die zugleich ein Bekenntnis heutiger Lebensführung ist. Diese Haltung hat nichts zu schaffen mit Erstarrung, Rückschritt oder Reaktion. Ich bin keineswegs genügsam, ich beschränke auch keine der vorhandenen Möglichkeiten. Ich fordere vielmehr äußerste Wachsamkeit für jede lebendige Regung des Lebens und der Kunst.

Wie aber soll nun der sogenannte ‚ideale' Spielplan aussehen?

Bei unserem prominenten Vorgänger: dem Theaterleiter Johann Wolfgang Goethe, verhielt sich das Unterhaltungstheater zum Bildungstheater wie zwei zu eins. Der Spielplan setzte sich zu zwei Dritteln aus Lustspielen und Komödien, zu einem Drittel aus Schauspielen und Trauerspielen zusammen.

In den fünfundzwanzig Jahren der Goetheschen Theaterleitung war – statistisch verbürgt – Kotzebue mit vierundachtzig Stücken der meistgespielte Autor. Haben Sie keine Angst, ich will hier nicht einer Kotzebue-Renaissance das Wort reden. Ich weiß wohl:

Ein echter deutscher Mann kann Kotzebue nicht leiden, doch seine Technik sollten sich die Autoren von Gebrauchsstücken ruhig zum Vorbild nehmen. Jedenfalls werden Sie mir zugeben, daß es falsch wäre: die künstlerische Bedeutung einer Bühne oder einer Intendantentätigkeit allein nach Zahlen zu beurteilen; so wie es falsch wäre, den Wert einer Theaterleitung allein nach der Zahl ihrer Uraufführungen einzuschätzen. Nun aber kommt die Frage, die von jüngeren und älteren Autoren immer wieder gestellt wird: welche Stoffe überhaupt sollen wir behandeln? Nun: wir sollen die großen Horizonte aufreißen, wieder und immer wieder, wenn der Nebel schicksalsträchtiger Winter die Umrisse zu verschleiern scheint, sei es im ganzen, sei es im persönlichen Schicksal. Dann sollten wir alle Scheinwerfer aufblenden, um Licht zu machen, die Zukunft so anzuleuchten, daß mitten im Schnee zwei Stunden lang der Frühling des Glaubens wird.

Sehen Sie in mir jetzt einmal den Mann, der drei effektiv in Berlin stehende Theater bespielen und in denen eintausendzweihundertmal im Jahr der Vorhang über irgend etwas aufgehen muß. Aber über dieses ‚Irgendetwas' lassen Sie mich bitte noch etwas ausführlicher sprechen. Unsere drei Häuser ermöglichen es mir, die Wünsche des Publikums nach

Erhebung, nach Erheiterung und nach Entspannung zu erfüllen. So können Sie am gleichen Abend im Spielplan *Faust* oder *Iphigenie*, den *Biberpelz* oder *Kreidekreis*, *Pygmalion* oder *Johanna* sehen. Und es erscheint mir heute nicht minder wichtig, Stücke der reinen Unterhaltung aufzuführen, wie andererseits die *Iphigenie* und den *Faust*.

Gewiß könnte ich es mir leichter machen, indem ich dasselbe Stück dreihundertmal hintereinander spielen würde, denn in einer so großen Stadt wie Berlin würden auch diese Vorstellungen ausverkauft sein. Aber ich fühle auch dieselbe Verantwortung gegen meine Schauspieler und Regisseure wie gegenüber der dramatischen Literatur. Ich glaube mich verpflichtet, ihnen stets neue Möglichkeiten zu ihrer Betätigung zu geben, damit sie beweglich bleiben und sich entwickeln können. Und was für den Außenstehenden zuweilen als Besetzungsexperiment erscheint, ist von mir wohlerwogen, nicht für den Tag, für den allein zu arbeiten mir nicht genügen würde, sondern für die Zeit. Außerdem ermöglichen die drei Schauspielhäuser es mir, die Schauspieler vor Erstarrung und Abnutzung zu bewahren. Sie können ihre Kräfte in allen Spielarten der theatralischen Literatur erproben und in sich Möglichkeiten entdecken, die sonst nicht erschlossen würden. Und die Tatsache, daß sie nicht stets mit denselben Regisseuren arbeiten, bewahrt sie vor der Festlegung auf einen Typ. Eine weitere selbstverständliche Folge ist, daß man der Individualität des Darstellers, sowie der führenden Darsteller, im Spielplan Rechnung trägt. Ich glaube an die Kommunikation aller künstlerisch schaffenden und empfindenden Menschen im Theater und halte sie im eigensten Interesse und im Interesse unserer gemeinsamen Sache heute mehr denn je für notwendig.

Sie sehen also, es ist gar nicht so leicht: die Forderungen der Zeit mit den Forderungen des Tages, und diese wiederum mit der Zeit in Einklang zu bringen. Innerhalb solcher Problematik wird auch das Problem der Regie besonders augenfällig.

Ich weiß, daß meine und meiner Regisseure Art, das Theater zu sehen, nicht überall das gleiche Einverständnis findet. Man hat diesen theatralischen Versuchen Namen gegeben, die nicht von uns selber stammen. Weder ‚geistiges Theater', noch ‚Raumbühne' noch ‚Theater der Form' noch ‚Wortregie' sind von uns geprägt worden. Sie sind nach der Art unserer Aufführungen gebildet und so genannt worden. Und hier muß ich, im Zusammenhang mit der Regie, auf das sentimentale Theater zu sprechen kommen, das ich im Zusammenhang mit der schriftstellerischen Produktion schon erwähnte. Wenn ich die Diktatur des Gefühls für das Theater fordere und mich ihr als gehorsamer Soldat meiner Zeit immer gern und mit Hingebung fügen werde – diese Diktatur des Gefühls, deren Parole lautet: „Nicht lügen, wo das Herz schlägt", so stelle ich ihr als gefährlichsten Feind nicht etwa die Diktatur des Verstandes gegenüber, die ich auch nicht besonders hoch veranschlage, sondern die der Sentimentalität. Ich stelle damit das Allgemein-Menschliche dem Menschlich-Allzumenschlichen gegenüber. Das sentimentale Theater ist in einer unerbittlichen Zeit, in der nur für eindeutige Gefühle Raum ist, eine erstaunliche Fehlleistung. Es biedert sich an, es macht sich Liebkind, es verwischt die Konturen. Das sentimentale Theater stellt sich nicht, es schmeichelt; es dient nicht, es bedient; es bekennt nicht Farbe, es lügt uns eine bunte Scheinwelt vor, die nicht eine Art erhöhten Lebens, also nicht Kunst ist, sondern eine bedrohliche Verfälschung der echten Gefühlswerte. Es ist so fatal, weil es alle Argumente, die auch wir ins Treffen führen, für sich in Anspruch nimmt. Es redet von Menschlichkeit und meint den Alltag. Es mißbraucht unsere Gesetze für Wort, Körper, Raum, Licht und Farbe, um sie biedermännisch zu verfälschen. Es ist so diskret

– als wäre es nobel! Es ist nachsichtig mit unseren Schwächen – als wäre es gütig! Es ist – ach, die Hunde des Aubry mögen es jagen und zerreißen wie die Hunde der Artemis Aktäon zerrissen, weil er sie im Bade belauschte, denn nicht anders frevelt das sentimentale Theater an der Kunst.

In einer Kritik über eine Aufführung von *Kabale und Liebe* irgendwo im Reich wurde dem Regisseur bescheinigt, daß er „abhold krasser Romantik, die Darstellung von herkömmlichen Wirkungen fernhielt, den Ferdinand von Liebesraserei, den Wurm von Bosheitsabgründen, den Kalb vom eitlen Zerrbild, den Musikus Miller von zerfließender väterlicher Güte". Es fehlte nur: es gelang ihm, *Kabale und Liebe* zu spielen, ohne Kabale und Liebe zu spielen.

In einer Aufführung eines klassischen Stückes, das ich wörtlich im Ohr habe, waren ganze Szenen umgeschrieben, ganze Textpartien umgestellt. Durch willkürlich eingelegte Pantomimen, in denen das Furioso eines wunderbaren Dialoges versandete und in denen klassische Gestalten zu bürgerlich-sentimentalen Aktionen ermuntert wurden, wurde die Aufführung zerdehnt. Es könnte sein, daß einer, der diese Aufführung zuerst sieht, aus dieser falschen Sicht heraus eine Inszenierung des gleichen Stückes im Staatstheater für kalt, aggressiv, sogar für umstürzlerisch hält. Dabei haben wir nur die Partitur des Stückes gespielt, allerdings mit erlesenen Instrumenten.

Es ist durchaus möglich, daß wir im Kampf gegen das bürgerlich-sentimentale Theater gelegentlich eine zu prinzipielle Positon beziehen. Aber bedenken Sie, daß wir uns durch solche Aufführungen herausgefordert fühlen müssen. Denn es handelt sich dabei wirklich nicht mehr um Stilfragen, sondern um grundsätzliche Kunstwerte. Demgegenüber sehe ich meine ernste Pflicht darin, die Maßstäbe zu bewahren. Und wenn Wolfgang Liebeneiner vor einigen Tagen an dieser Stelle für den Film die Forderung nach zu schaffenden Maßstäben aufstellte, so ist meine Forderung für das Theater: Wahrung der Maßstäbe. Unsere Vorstellungen sind angreifbar, unsere Fehler sind weithin sichtbar. Wenn es aber nach mir ginge, und wenn die Zeit dazu angetan wäre, würde sich das alles in noch viel leidenschaftlicherer Form ausdrücken. Man soll immer den Mut haben, kühne Fehler zu machen, ehe man sich dem Vorwurf der Feigheit aussetzt.

Aber so wichtig es mir erscheint, diesen Begriff des sentimentalen Theaters einmal klar herauszustellen, so unwichtig erscheint es mir, im Augenblick prinzipielle Wettstreite auszutragen. Es ist jetzt nicht die Zeit, in jenem „spitzfindigen Lehrbegriff der Freiheit", wie es bei Kleist heißt, beharren zu wollen, das heißt: die Bühne zum Tribunal individualistischer Kunstauffasungen machen zu wollen. Es sind ja nicht die Musen, die im Augenblick schweigen sollen, sondern ihre Interpreten und alle, die sich beruflich mit der Kunst befassen. So wie alle in unserem Volk, so müssen auch die Künstler heute näher zusammenrücken und dem Begriff der ‚Kameradschaft' seinen echten Sinn wiedergeben, im engen Anschluß an das Erlebnis des Volkes.

Es erproben sich seit zehn Jahren immer neue Männer auf dem Gebiet des Theaters, und wenn es ihnen allen noch nicht restlos gelungen ist, die gesteckten Ziele zu erreichen, so liegt der Schluß nahe, daß es wohl nicht nur Schuld der deutschen Bühnenleiter ist, wenn das deutsche Nationaltheater noch nicht in aller Pracht und Herrlichkeit vor uns steht. Auf keinen Fall ist der *Hund des Aubry* schuld. Der wird immer gelegentlich hinter dem Ofen hervorgerufen werden und Lücke büßen.

Aber lassen Sie uns einen Augenblick nachdenken: wurde das Ziel wirklich so nicht erreicht, wie manche behaupten? Sicher ist heute noch keine einzelne Bühne würdig, den Ehrentitel eines deutschen

Nationaltheaters zu führen. Aber vielleicht repräsentieren die zweihundertfünfzig Theater Deutschlands in ihrer Gesamtheit doch so etwas wie das deutsche Nationaltheater. So, wie wir uns abgewöhnt haben, von den einzelnen Staaten und Ländern innerhalb des Reiches zu sprechen, so sollten wir auch die deutschen Theater mehr in ihrem Zusammenhang als eines werten. Und wenn Sie die Bemühungen der führenden deutschen Bühnen in Berlin, München, Hamburg zusammen mit Bühnen wie Bochum und Düsseldorf werten, von den vielen deutschen Provinztheatern und Wanderbühnen gar nicht zu sprechen, – wenn Sie die Leistungen der einzelnen Theater nicht gegeneinander abwägen, sondern wenn Sie diese gleichsam summieren, ist das Resultat für das deutsche Theater recht günstig.

Was nun die Spielplangestaltung angeht, ist ein großer Unterschied zu machen zwischen einem Theaterleiter in irgendeiner großen Stadt Deutschlands und einem Theaterleiter in Berlin. Es kann mir sehr leicht der Spielplan eines mittleren deutschen Theaters vorgehalten werden, der farbiger und abwechslungsreicher ist als beispielsweise der meine. In den meisten Städten gibt es nur eine Bühne, die alle Stücke, die ihr geeignet erscheinen, spielen kann.

In Berlin teilen sich mindestens sieben große Bühnen in die heute spielbaren deutschen Klassiker. Unterhaltungstheater hingegen hat Berlin fünfundzwanzig. Wenn Sie den Spielplan eines Provinztheaters verfolgen, das ein wirklich schönes Niveau und einen guten Ausgleich im klassischen und modernen, im ernsten und heiteren Spielplan hält, werden Sie leicht zu der Feststellung kommen, daß die Stücke dieses Spielplans meistens in der Gesamtheit der Berliner Bühnenspielpläne erschienen sind; mögen sie nun am Staatstheater oder am Deutschen Theater oder am Schillertheater oder an der Volksbühne oder einer ihrer Nebenbühnen in Szene gegangen sein: alle sind in Berlin durch eines dieser Theater dem Publikum zugänglich gemacht worden. Und wenn eine Bühne im Reich eine Uraufführung bringt, die Berlin, an den vergrößernden Maßstäben seiner Theater gemessen, nicht bringen konnte, so gehen gleichsam schon Stafetten durchs Land, die den Vortrupp einer Macht ankünden, auf die wir alle warten. Dieser Macht sollen die Theater in ihrer Gesamtheit zur Verfügung stehen. Denn wir alle hoffen auf den deutschen Dichter. Wenn wir auch manchmal unter der Last der Manuskripteinsendungen stöhnen, geht es uns wie jenem hessischen Bauern, der sagte: „Wenn ich die

Kinder mittags am Tisch zählte, kam es mir immer vor, als seien es genug. Aber abends im Bett schien es mir dann immer, als fehlte noch eins. Und so sind es mit der Zeit neun geworden." Der Mittagstisch, an dem die Kinder (die jungen Autoren von heute) sitzen, ist die Gesamtheit der deutschen Theater in Berlin und Wien, in München und im Reich. Das Bett aber, in dem es scheint, als ob immer noch eins fehle, steht abends auf jeder deutschen Bühne.

Wir stehen heute in einer Zeit großer Entscheidungen. Wir ahnen das Kommende und wissen es nicht. Wir wissen es nicht und warten und arbeiten. Denn wer von Ihnen hätte den törichten Mut zu glauben, daß Welten umstürzen – und nur das Theater bliebe an seinem Platz. Ich habe ihn nicht.

Ich habe nur die Sorge, daß wir vor einem, der von der Front mit neuen Erfahrungen von der Welt zurückkehrt, vielleicht nicht bestehen könnten. Für diese Männer, diese jungen Menschen die Welt in der Kunst des Theaters wieder zusammensehen, sie ins Lot bringen, in die Ordnung zurückführen – das ist unsere Aufgabe. Sie deckt sich mit der allgemeinen und ewigen Sendung der Kunst: anschaulich, einfach und wahr zu sein.

Dieses Ziel aber zu erreichen, müssen wir zusammenstehen – und wir müssen es, als Diener am

Werk, allesamt: Dichter, Darsteller und Intendanten. Wir tun damit nichts anderes als das, wozu wir aufgerufen sind wie alle, und was wir alle als selbstverständliche Pflicht empfinden.

Ich will hier große Namen nicht unnütz nennen, wenn ich sie und ihr Verhalten zu dem zu erstrebenden Ideal anführe. Aber ich will Ihnen an einer Anekdote, deutlicher als es mit Worten möglich wäre, zeigen, was ich unter Kameradschaft zwischen Künstlern verstehe:

Als Rubens, der zugleich Gesandter seines Staates war, in solcher politischen Mission nach Spanien kam, führte ihn sein erster Weg zu einem anderen Großen der Kunst, Velasquez. Und im Laufe von drei Jahren haben diese beiden Künstler, Rubens und Velasquez, gemeinsam das ihnen erreichbare Gesamtwerk eines dritten Ebenbürtigen: das Gesamtwerk Tizians, Bild für Bild, kopiert. Keiner der beiden gab seine Eigenart preis, Rubens bewahrte sie, Velasquez bewahrte sie, aber in der Bewunderung dieses dritten, gemeinsam Verehrten, begegneten sie sich; und dieser sich über Jahre erstreckende Ausdruck künstlerischer Bescheidenheit ist eines der schönsten Beispiele der Kameradschaft unter Künstlern um der Kunst willen.

TRAUGOTT MÜLLER - DER BÜHNENBILDNER

Gedächtnisrede auf der Bühne des Schauspielhauses 1944

Traugott Müller und Gustaf Gründgens arbeiteten am Berliner Staatstheater zusammen in folgenden Inszenierungen:

Gyges und sein Ring *von Hebbel, Premiere 6. Dezember 1935*
Der tolle Tag *von Beaumarchais, Premiere 3. März 1936*
Was ihr wollt *von Shakespeare, Premiere 9. Juni 1937*
Emilia Galotti *von Lessing, Premiere 29. September 1937*
Der Siebenjährige Krieg *von Rehberg, Premiere 7. April 1938*
Dantons Tod *von Büchner, Premiere 9. Dezember 1939*
Fiesko *von Schiller, Premiere 4. April 1940*
Die Lustigen Weiber *von Shakespeare, Premiere 30. Dez. 1941*

Traugott Müller starb am 29. Februar 1944 an einem Herzanfall. Die Trauerfeier fand am 4. März statt.

Ich begrüße Sie dankbar, die Sie gekommen sind, mit uns diesen Toten zu ehren, mit uns eine Stunde der Besinnung, der Einkehr zu verbringen, mit uns, die wir heute einen schweren Verlust beklagen.

Wir haben diesen Toten noch einmal in unsere Mitte geholt, um uns gemeinsam von ihm zu verabschieden. Zu verabschieden an der Stätte, an der wir uns so oft mit ihm zu künstlerischem Tun getroffen haben. Es konnte uns nicht genügen, ihm das Geleit zu geben, ihm die letzte Ehre zu erweisen und an seinem Grabe zu stehen.

Es ist eine trotzige Gebärde, die uns ihn hierher holen ließ. Denn wir nehmen diesen Tod nicht hin, wie wir gelernt haben, vieles hinzunehmen. Wir wollen und müssen es sagen und aussprechen, wie schlimm uns dieser Tod getroffen hat. Herrisch und unduldsam, wollen wir uns nicht fassen, wir wollen klagen.

Unser aller Leben ist hart geworden und zwingt uns täglich und stündlich das Äußerste ab. Und wir haben es in diesen Zeiten gelernt, dem Schicksal die Stirn zu bieten.

Aber wenn wir auch hart werden mußten, so wollen wir nicht, daß unsere Herzen sich verhärten. Wir wollen nicht diesen Schlag stumm hinnehmen. Wir wollen klagen: dem Toten zu Ehren und unsere Herzen von schwerer Last zu befreien.

Wie wir hier sind, ist keiner mehr, der sagen kann, daß an ihm das große Schicksal, daß an ihm der Krieg spurlos vorübergegangen sei. Das ist so und das ist gut so. Wir tragen alle an einem Schicksal, und wir Menschen sind so geschaffen, daß wir nicht nur geistig erfassen, sondern daß wir auch körperlich erleben müssen, was um uns und mit uns geschieht, damit wir es ganz begreifen und ganz kreatürlich fühlen.

Wir haben unsere Wohnungen in Schutt und

Asche sinken sehen. Wir haben uns von mühsam erworbenem, in langen Jahren liebgewonnenem Gut in einer Nacht trennen müssen. Wir haben um das Leben unserer Lieben gebangt und um unsere künstlerischen Heimstätten gezittert.

Wir in diesem Hause haben am 30. Januar mit dem Schinkelsaal und der kleinen Ehrenhalle, die wir für die Großen unseres Berufes errichtet hatten, den schönsten Teil unseres Gebäudes verloren – und bei alledem ziemt es sich, daß wir uns fassen.

Am 29. Februar aber haben wir in diesem Toten einen Grundstein unseres geistigen Gebäudes verloren – und es ziemt sich, daß wir klagen.

Der Mann, von dem wir uns verabschieden müssen, war uns allen viel mehr als der geniale Schöpfer der Räume, in denen wir unser Spiel spielten. Er war mehr als das, was der Programmzettel von ihm verkünden konnte; mehr auch, als wir selbst zu seinen Lebzeiten wußten. Er ging so auf in allem, was dieses Haus bewegte und erfüllte, wie seine Bauten aufgingen im Gesamtkunstwerk, dem sie dienten.

Es war uns ein natürliches Bedürfnis, unserer Bühne heute ein Gesicht zu geben, das er prägte, und es ist für sein Künstlertum bezeichnend, daß es eines langen Sichtens und Wählens bedurfte, bis unter den vielen ein Raum gefunden war, der ihn und uns beherbergen konnte.

Denn alle diese großen und kleinen Säle und Landschaften, tragischen und heiteren Schauplätze seiner bildnerischen Phantasie, erhalten ihren tiefen Sinn erst durch den Vorgang, für den sie gebildet sind, durch das Kostüm, das sie ergänzt, durch den Darsteller, für den sie geschaffen wurden, durch die Dichtung, die sie beseelt. Und wir mußten in unser Schwester-Institut, wir mußten in die Linden-Oper gehen und uns aus der unvergeßlichen *Zauberflöte* Sarastros heiligen Hain holen, den er, den Gesetzen der Oper gemäß, erzählerischer gestaltete als alles, was er uns in diesem Hause an unvergänglichen Werten geschenkt hat.

So streng und so treu war seine Arbeit, daß sie nicht sprach, bevor nicht aus ihr gesprochen wurde, und daß sie kein Wort duldete, für das sie nicht gedichtet war. So leidenschaftlich war die absolute Unverwechselbarkeit seiner Schöpfungen.

Genau fünfzig Werke wurden in zehn Jahren seiner Tätigkeit seiner bildenden Hand anvertraut. Mit allen Regisseuren des Hauses verband er sich zu künstlerischem Tun. Er schuf und eroberte gemeinsam mit Jürgen Fehling die Bühne für *Richard III.* in ihrer kühnen Einfachheit und ihrer großartigen Kargheit, aber er war auch sein Begleiter bei der unvergeßlichen *Heiligen Johanna* und der schneeball-leichten *Donna Diana*. Er half mir bei den Verzauberungen des *Tollen Tages*, der *Emilia* und der *Zauberflöte*. Er stand am Anfang der hymnischen Müthel-Inszenierungen von der *Braut von Messina* bis zur *Orestie*, und er war es wesentlich, der auch dem jüngsten unserer eigengesichtigen Regisseure, seinem Freunde Karlheinz Stroux, mitschaffend zur Seite stand. Und wenn diese Männer, so verschieden, ja fast gegensätzlich sie waren, doch gemeinsam den Begriff des Staatstheaters prägten, so gab er – gemeinsam mit Rochus Gliese, dem anderen großen Meister seiner Kunst – diesen Arbeiten die künstlerische Bindung. Allen diesen ungebärdigen Männern war er der bildnerische Begleiter. Welch stille, zähe Kraft war da am Werk!

Es ist dem Bühnenbildner nicht vergönnt, allein seine Vision von der Dichtung umzusetzen. Er muß der Vision des jeweiligen Spielleiters nachspüren, und seine Aufgabe ist es, den Ausgleich zu schaffen zwischen dem Kunstwerk, der Vorstellung des Spielleiters und seiner eigenen Werkschau.

Um die Herstellung dieser Dreieinigkeit hat kaum einer so leidenschaftlich, so selbstquälerisch und so fanatisch gerungen wie Traugott Müller. Er hat, ein kluger und selbständiger Kopf, die großen Dichter unseres Welttheaters mit allen Regisseuren unseres Hauses abwechselnd inszenieren müssen. Er hat Fehlings Shakespeare und Müthels Shakespeare, er hat meine und Stroux's Versuche bühnenbildnerisch begleitet. Wir alle kennen die Historien dieser Aufführungen, von denen ich die *Richard*-Dramen und den *Cäsar* nenne, die *Komödie der Irrungen* und *Die beiden Veroneser* aufzähle, wobei ich an die *Lustigen Weiber* erinnere und an sein letztes Werk, den *Othello*. Und jedesmal war es derselbe Dichter und jedesmal derselbe eigengesichtige Künstler, der ihn empfand, und immer wieder zwang ihn sein Beruf, diesen Dichter mit den Augen eines anderen Deuters zu sehen. Es wird das Geheimnis seiner großen Künstlerschaft bleiben, daß er Jahre hindurch die in ihrem künstlerischen Zwang wesensverschiedenen Männer zu ihrer Beglückung bediente und dabei das Einmalige und Untrügliche seiner Handschrift nicht verlor. Welches Wunder aber war das, daß man nicht nur wußte, dieses Bühnenbild ist von Traugott Müller, sondern daß man wußte, das ist ein Bühnenbild von Traugott Müller für eine Fehling-Inszenierung. Wenn wir darüber nachdenken, heben wir damit einen wesentlichen, vielleicht den wesentlichsten Zug seines Künstlertums und seines Menschentums ans Licht. Er hatte die Gabe, die künstlerische Persönlichkeit, mit der er arbeitete, in der Richtung ihres eigenen künstlerischen Gesetzes zu vertiefen. Er konnte aus Distanz und künstlerischer Nähe Fehlingischer sein als Fehling, oder wie ich es erlebte: hatte er erfaßt, welche Ausdeutung ich einem Werk geben zu müssen glaubte, so war er der Wächter über der Integrität des eingeschlagenen Weges; er stellte all seine Phantasie und all sein Können, seinen unbändigen Stilwillen und sein unendliches Beharrungsvermögen in den Dienst meiner Idee, die er leidenschaftlich auch gegen die Ausflüge meiner eigenen Phantasie verteidigte. Unser Glaube an diese nachtwandlerische Stilsicherheit des großen Künstlers und an die absolute Selbstlosigkeit des Menschen, dem wir uns anvertrauen konnten, war es, der unseren Aufführungen die Geschlossenheit gab, welche die meisten auszeichnete. Seine Gabe der künstlerischen Unbeirrbarkeit und der menschlichen Einfühlung umzusetzen, darin sah er seine wesentlichste Aufgabe, seine höchste künstlerisch-menschliche Verpflichtung.

Es war nicht seine Art, sich prinzipiell zu geben, und ich möchte sagen, daß er vor seiner eigenen Unerbittlichkeit wie geniert war. Er gefiel sich in der Maske eines Mannes, dem es wenig ausmacht, das

Chamäleon zu spielen, ja, er liebte zu sagen, daß er nur dazu da sei, ohne eigene Meinung jedem Regisseur jede Laune wunschgemäß zu erfüllen. Und so kennen wir ihn alle, heiter, immer etwas ironisch und lieber einen Scherz machend, als zu großen Worten zu greifen. Duldsam, im tiefsten gutmütig, wirklich und wahrhaftig unaggressiv, aber von einer unbändigen Zähigkeit im Festhalten an seinen künstlerischen Plänen. Es war nicht seine Art, auf den Tisch zu schlagen, sich in die Brust zu werfen und den ewigen Ruf auszustoßen: Wer bin ich! Er kam auf anderen Wegen zum Ziel. Und diese Wege, glaube ich, kenne ich am besten von uns allen. Denn ich bin es, der dazu verurteilt ist, die Visionen der Spielleiter und Bühnenbildner in die Realität eines Spielplanes und eines Etats zu bannen. Mir fällt die entsetzliche Pflicht zu, die wuchernden Träume zu beschneiden, die herrlichen Kühnheiten tragbar zu machen, die himmlischen Verrücktheiten auszugleichen. Und in diesem Kampf der Künstler mit dem Intendanten, einem Kampf, in dem mein besseres Ich von vornherein auf der Seite meiner Kollegen steht, in diesem Kampf kannten Traugott und ich unsere Positionen genau. Und es war von göttlichem, weil tiefkünstlerischem Humor, wenn er mir die Modelle seiner Bühnenbilder zur Abnahme vorführte. Die Modelle, mit denen er mich betrog; die Modelle, bei denen ich wußte, daß er mich betrog; die Modelle, bei denen er wußte: ich wüßte, wie er mich betrog. Und so ließ er sich von mir eine Säule, eine Plastik, ein Raummaß in zähem Kampf abringen, die er vielleicht von vorneherein geschaffen hatte, um meiner intendanzlichen Einsparverpflichtung etwas zum Opfer bringen zu können. Und meine technischen Mitarbeiter werden alle wissen, wie dieser große Mann von morgens bis abends in den Werkstätten herumsaß, im Wege stand, erzählte und Scherze machte, nur um ein Ornament, einen besonderen Farbton, an dem sein Herz, nein, sein künstlerisches Gewissen hing, doch heimlich gemacht zu bekommen, aus persönlicher Gefälligkeit, neben der Arbeitszeit. Und es machte ihm nichts aus, zu schwören, eine von ihm entworfene Säule sei spielend leicht zu transportieren, obwohl er wußte, wie wir alle, daß sie nur mit äußerster Anstrengung an ihren Platz zu bringen war. Diese äußerste Anstrengung erschien ihm äußerst gerechtfertigt, diese Säule konnte so und nicht anders sein, und er wäre sich leichtfertig vorgekommen, wenn er nicht alle Mittel versucht hätte, gerade diese Säule gegen alle Widerstände, vor allem gegen die intendanzliche Vernunft, doch anzubringen. Und so, wie ich vor den spitzbübischen Methoden dieses Künstlerwillens kapitulierte, so gaben ihm alle technischen Mitarbeiter nach, seufzend, aber doch dem höheren Gesetz gehorchend als den Erfordernissen eines angespannten technischen Apparates.

Lieber Traugott! – Wenn ich uns jetzt hier beide auf dieser Bühne sehe, von der ich mich vor einem Jahr verbannte und die Du nun für immer verlassen willst, wenn ich in diesem unserem Traumwald stehe, bei dessen Erschaffung wir glücklich waren und tief befreundet, dann überfällt mich die Erinnerung an die vielen Gemeinsamkeiten, die unser beider Leben immer wieder zusammenführte.

Es war ein langer Weg durch ein Vierteljahrhundert von unserer ersten Begegnung bis zu diesem Abschied. Rheinländer beide, in Krieg und Nachkrieg groß geworden, wußten wir früh, daß das äußere Erscheinungsbild nichts aussagt über den inneren Gehalt, und das Bekenntnis daraus nichts über den inneren Wert. Uns beiden war gemeinsam, daß wir nicht prüde waren und nicht kostbar mit uns, was den Weg anging, wenn an seinem Ende die Möglichkeit stand, die Ideale, an die wir glaubten, zu verwirklichen. Es beschwerte den Bühnenbildner so wenig wie den Schauspieler, daß man unseren Wert nicht erkannte und uns noch nicht beschäftigte. Und so trafen wir uns vor sechsundzwanzig Jahren als Lautensänger und als Tänzer bei gelegentlichen Veranstaltungen. Und so trafen wir uns am Kabarett, vor zwanzig Jahren. Er konnte von der Bühnenbildnerei nicht leben und ich nicht von der Schauspielerei. Und so wurde er Conférencier und ich Parodist. Und er konferierte meine Parodien, und ich parodierte seine Conférencen. Und er war ein guter Conférencier und ich kein schlechter Parodist, aber es wäre keinem von uns eingefallen, diese Tätigkeit und noch einige andere, und wenn sie jahrelang dauerten, auch nur einen Augenblick ernst zu nehmen. Denn das bedeutete nichts; das waren keine Stationen, keine Etappen unserer Entwicklung. Es war eine simple Möglichkeit, sich am Leben zu erhalten. Traugott Müller war in Wirklichkeit vom ersten Tage an nichts anderes als der Bühnenbildner der großen strengen Form, und ich nichts anderes als ein Mann des Theaters, damals schon mit all den Sehnsüchten, die ich mir in den letzten zehn Jahren erfüllen durfte.

Ich muß das so deutlich sagen, weil man bei Künstlern so gern für Entwicklungsstufe erklärt, was die Not des Tages sie vorübergehend tun heißt. Wir haben es nicht leicht gehabt, uns durchzusetzen, aber wir hatten zuviel praktischen Sinn und zuviel

Vitalität, um in der Dachkammer zu sitzen und übelzunehmen, nur der Gradlinigkeit unserer Biographie zuliebe.

Von Traugotts ersten künstlerischen Gedanken führt eine ungebrochene Linie zu seinen schönsten Leistungen, zu seiner reichsten Zeit am Staatstheater. Und so wie vor sechsundzwanzig Jahren und vor zwanzig Jahren trafen wir immer wieder in wichtigen Stationen unseres Lebens zusammen. Er begleitete mich vor nun zehn Jahren auf der Fahrt zu der Unterredung, von der ich als Intendant dieses Hauses zurückkehren sollte. Ich bereitete ein Jahr später seinen Wanderjahren ein Ende und machte ihn seßhaft. Er begleitete meine Versuche im Film und baute die schönen Räume, in denen sich Effie Briests Schicksal vollzog, und führte mich mit tiefer Musikalität durch die Stationen Friedemann Bachs. Meine letzte Arbeit an der Staatsoper, eben diese *Zauberflöte*, machte ich mit ihm, und er war es schließlich, der meine Metamorphose zum Soldaten am Tage meiner Abreise mit Marschmusik auf dem Cembalo begleitete. Wir haben uns in diesen fünfundzwanzig Jahren nie zueinander bekannt, wir haben uns nie manifestiert; aber wir haben miteinander Kunst gemacht – und wir waren gute Freunde.

Ich habe hier ein wenig von ihm und mir sprechen müssen, aber jeder, der an dieser Stelle sprechen würde, müßte von ihm und sich erzählen. Denn er war für alle nicht nur ein Begleiter in der Kunst, sondern ein selbstverständlicher, ruhiger, verläßlicher Begleiter im Leben. Und so, wie ich meine Erlebnisse mit ihm habe: die gemeinsame Landsmannschaft, den gemeinsamen künstlerischen Beginn, die gemeinsame künstlerische Erfüllung am Staatstheater, so hat jeder in diesem Hause, an welcher Stelle er auch stehen mag, von Traugott Müller Worte und Taten erfahren, die nichts mit dem Bühnenbildner zu tun hatten. Er hatte eine Art, da zu sein, zuzuhören, daß man ihm, ehe man es wußte und ohne daß er es herbeigeführt hätte, sein Herz ausschüttete und seine Sorgen erzählte.

Er war ein künstlerisches Gewissen dieses Hauses, und er war es um so stärker, als er sich nicht dazu machte. Er stellte keine künstlerischen Forderungen, aber er war selbst eine.

Nun beherrscht er noch einmal, zum letztenmal, diese Bühne, auf der er sein reichstes und köstlichstes Jahrzehnt Räume und Träume gedichtet hat. Wir werden ihn aus unseren eifernden Armen nach dort entlassen müssen, wohin ihm der Übergang so wunderbar leicht gemacht worden ist, daß der Schmerz und die Trauer ganz bei uns liegen und daß wir ihm unsere Liebe und unseren Dank, von der Plötzlichkeit des Abschiedes betäubt, nur ungern nachrufen. Wir müssen uns nicht vornehmen, ihn nicht zu vergessen, denn wir könnten ihn nicht vergessen, weil er uns in diesen langen Jahren zu sich erzogen hat – und ein Stück von ihm wird man in jeder Aufführung dieses Hauses finden, dieses Hauses, in dem seine Kunst traditionsbildend geworden ist und das diese Tradition halten und weitergeben wird über alle Stürme des Tages hinaus. Wir wissen nicht, wie das Schicksal es mit diesem Haus meint, ob wir noch lange in ihm Kunst machen dürfen. Aber so schmerzlich der Verlust auch dieses Gebäudes für uns sein würde, hätten wir wirklich das Staatstheater verloren? Ist es nicht lebendig in uns, wo wir auch sein mögen, lebendig, wie dieser Tote in uns lebendig bleiben wird. Und ich will ihn noch einmal aufrufen, mir zu helfen mit dem ganzen Gewicht seiner Persönlichkeit, seiner Vollendung und seiner leiblichen Anwesenheit, wenn ich Sie ermahne: tragen Sie, halten Sie den Geist, den dieses Haus sich schuf und dessen Baumeister einer jetzt von uns geht, fest in Ihrem Herzen, über alle Bedrängnis des Tages hinaus. Erhalten Sie sich diese Ihre geistige Heimat. Der Geist ist nicht an Raum und Zeit und Ort gebunden, die Liebe zur Kunst auch nicht. Wir Künstler haben vor anderen Menschen viel voraus. Denken Sie an die Abende, an denen Sie spielend geben und empfangen. Spinnen Sie sich ein in Ihre Kunst, in Ihre Arbeit, leben Sie darin, wie Traugott Müller bis zur letzten Stunde darin gelebt hat und reich war und ruhig, und glauben Sie nicht, daß Sie damit ein Unrecht tun, denn der Mensch wirkt am stärksten für die Gemeinschaft, wenn er fest in sich und seiner Welt verwurzelt ist; und halten Sie eigensinnig fest an diesem Geschenk, das die Natur Ihnen gab, so eigensinnig wie der Tote vor uns, den keine Krankheit und kein Rat der Ärzte und kein Bitten seiner Freunde von der Stätte seiner Kunst fernhalten konnten, in dessen Gegenwart das schönste Wort Goethes über den Künstler einen sehr direkten Sinn bekommt:

Wenn ich nicht sinnen oder dichten soll,
So ist das Leben mir kein Leben mehr.
Verbiete du dem Seidenwurm zu spinnen,
Wenn er sich schon dem Tode näher spinnt.
Das köstliche Geweb entwickelt er
Aus seinem Innersten, und läßt nicht ab,
Bis er in seinen Sarg sich eingeschlossen.

ABSCHIED VOM SCHAUSPIELHAUS AM GENDARMENMARKT

6. September 1944

Vom Propagandaministerium war am 1. September 1944 die Schließung aller Theater in Deutschland, ohne jede Ausnahme, verfügt worden. Gründgens wurde diese Verfügung telefonisch vom Reichsdramaturgen mitgeteilt, als er im Begriff war, zu Göring zu fahren, um bei ihm über die Erhaltung der Berliner Staatstheater zu verhandeln. Die Goebbelssche Verfügung war dem zuvor gekommen: Gründgens wurde in jenem Telefongespräch vom Reichsdramaturgen gebeten, bei seinem Besuch, über den man unterrichtet sei, Göring von der Verfügung Mitteilung zu machen, weil Minister Goebbels nicht wolle, daß der „Herr Reichsmarschall diesen Führerentscheid aus der Zeitung" erfahre.

Gründgens selbst, inzwischen Wachtmeister geworden, blieb bis zur Einnahme der Stadt durch die Russen in Berlin. Es gelang ihm, sich in der Zwischenzeit, unter Berufung auf seinen militärischen Dienst und mit Ausflüchten, jeder Mitwirkung in Film und Rundfunk, wie sie von ihm verlangt wurde, zu entziehen. Er war viel auf dem Fahrrad unterwegs, um den überall zerstreuten Mitgliedern des Staatstheaters ihre Lage zu erleichtern, ihnen ihre Gagen zu bringen, mit Lebensmitteln auszuhelfen, Ratschläge zu erteilen. Eckart von Naso, der letzte Chefdramaturg der Berliner Staatlichen Schauspiele, berichtet in seinem Erinnerungsbuch Ich liebe das Leben, *daß er zu dieser Zeit Gustaf Gründgens im zur Hälfte vernichteten leeren Haus am Gendarmenmarkt in seiner Garderobe allein fand. Auf Nasos Frage: „Was tun Sie hier?" antwortete er: „Ich lerne Goethesche Gedichte auswendig – ist das nicht eine gute*

Beschäftigung?" Als sie sich trennten, fuhr Gründgens auf dem Fahrrad davon.

Liebe Kameraden! – Ich habe uns alle noch einmal auf diesen Brettern, die für uns die Welt bedeuteten und bedeuten, versammelt, um mit Euch die uns betreffenden Geschehnisse der letzten Wochen zu besprechen. Ich weiß, daß viele von Euch sich in den Tagen der vorläufigen Schließung unseres Theaters gefragt haben: Kommen wir denn gar nicht mehr zusammen? Werden wir uns nicht einmal voneinander verabschieden können, nachdem wir fast ein Leben miteinander verbracht haben und nachdem uns das Schicksal auf die verschiedensten Schauplätze wirbelt? Gibt es denn gar nichts zu raten, gar nichts zu sagen? Bekommen wir gar keine Stütze in die Hand? Sind wir vogelfrei geworden?

Wer in den letzten beiden Tagen von Euch im Lustspielhaus gespielt oder gearbeitet hat, wird mich da immer wieder gesehen und irgendein persönliches Wort von mir gehört haben. Mehr hatte ich Euch um den 31. August herum auch nicht zu geben. Ich selber wußte noch nicht, in welcher Form und wie sich die erlassenen Verfügungen auswirken würden. Es hatte deshalb auch keinen Zweck, Euch zu einer Versammlung zusammenzurufen, in der zwar schöne und wehmütige Worte des Abschiedes hätten gewechselt werden können, in der ich Euch aber wesentliche und Euch interessierende Angaben über Euer Schicksal und Eure Zukunft nicht hätte machen können. Schließlich kennen wir uns zu gut, als daß es solcher äußerlichen Gesten zwischen uns bedürfte. Ich muß Euch ganz ehrlich sagen, daß die letzten zehn Tage die bisher schwersten und bittersten meines Lebens waren, Tage, an denen nichts feststand außer der Tatsache, daß unser gemeinsames Lebenswerk bedroht war.

Ich erfuhr zwar durch den Berliner Klatsch, daß der eine oder andere bei mir engagierte Schauspieler neue Verpflichtungen, ja Jahresverträge beim Film abgeschlossen habe. Ich habe sogar vor einigen Tagen erfahren, daß unser guter Thümmler als Filmstar nach Tirol abgewandert ist. Ich wußte schließlich auch, mit welcher Begeisterung die Film-Produzenten bereit waren, sich in das Fell des Löwen zu teilen.

Laßt mich hier gleich sagen: ich spreche nur als Sachwalter des künstlerischen Begriffs ‚Schauspielhaus am Gendarmenmarkt'. Von anderen Gesichtspunkten her liegt es mir fern, einem Schauspieler Vorwürfe zu machen, wenn er sich einen anderen Arbeitsplatz sucht, weil er im Augenblick nicht weiß, wie weit sein bisheriger noch intakt ist. Und ich verstehe durchaus die Pflicht der Film-Produzenten, sich die guten Schauspieler Berlins zur Durchführung ihrer Aufgaben schnellstens zu sichern. Ich bin sogar sehr glücklich darüber, denn der Run auf das Staatstheater, „bewundert viel und viel gescholten“, beweist mir, wie gut die Kunst war, die wir gepflegt haben und wie prächtig die Schauspieler, die wir in den zehn Jahren erzogen haben.

Also, wie gesagt, ich hörte Gerüchte, ohne selber im Bilde zu sein. Auch das ist schließlich weiter nicht verwunderlich, wenn Sie bedenken, daß die Umstellung für alle ausführenden Stellen eine gewaltige, eine erstmalige ohne Vorgang war, und daß gewisse Ergebnisse erst allmählich sich herauskristallisieren konnten. Das Ergebnis liegt nun in großen Zügen vor.

Und nun kann ich zu Euch sprechen, denn nun weiß ich, was ich Euch zu sagen habe. Und von diesem Augenblick an gilt auch für Euch nur das, was ich Euch jetzt sagen werde.

Gefolgschaftsmitglieder der Staatlichen Schauspiele! – Durch den Euch bekannten Führerbefehl sind die deutschen Theater mit Wirkung vom 1. September vorläufig geschlossen. Die gesamte Gefolgschaft wird ohne Ausnahme im Rahmen des totalen Krieges dienstverpflichtet.

Wir werden in näherer Zukunft nicht mehr auf unserem ureigensten Gebiet tätig sein dürfen.

Wir werden

1. in der Wehrmacht Dienst tun,
2. in der Rüstungs-Industrie Dienst tun,
3. in der Film-Industrie Dienst tun.

Ich werde auf jede besondere Art dieser drei Verpflichtungen kurz eingehen.

Zunächst aber nenne ich Euch einige Zahlen:

Die Gefolgschaft der gesamten Preußischen Staatstheater

besteht aus 1450 Menschen.

Davon sind bereits 225 zur Wehrmacht eingezogen.

Im Rahmen der neuen Totalisierung des Krieges stehen weitere 375 Kameraden unseres Betriebes der Wehrmacht zur Verfügung.

Das sind also insgesamt 600 Menschen.

Der Rüstungs-Industrie werden 600 Mitglieder der gesamten Preußischen Staatstheater zugeführt.

Auf höheren Befehl wird die Preußische Staatskapelle von 100 Mann für den Funk verpflichtet.

Die Zahl der vom Film in Anspruch genommenen Gefolgschaftsmitglieder spielt diesen Zahlen gegenüber keine nennenswerte Rolle.

Einige Kameraden der ältesten Jahrgänge werden für Unterhalt und Luftschutz in den verschiedenen Gebäuden und Werkstätten unseres Betriebes verbleiben.

Für alle Gefolgschaftsmitglieder, Arbeiter und Angestellte der Staatlichen Schauspiele ist der Vertrag mit diesem Institut die einzige effektive Bindung, die sie haben. Dieser Vertrag bleibt in vollem Umfang aufrechterhalten und wird, was das Finanzielle angeht, in vollem Umfange erfüllt.

Das Preußische Staatstheater hat zwar nicht entschieden, wer von seinen Gefolgschaftsmitgliedern zur Wehrmacht muß, wer in der Rüstung und wer beim Film zu arbeiten hat, aber die Staatlichen Schauspiele bleiben der Brotherr für alle Gefolgschaftsmitglieder. Ebenso wird auf Bitten des Herrn Reichsfilmintendanten das Staatstheater die zur Durchführung von Filmaufgaben nötigen UK-Stellungen aufrechterhalten, wie es auch die wenigen UK-Stellungen aussprechen wird, die den Unterhalt und Luftschutz unserer Häuser betreffen.

Die zur Wehrmacht eingezogenen Arbeiter und Schauspieler erhalten ihr Staatstheater-Gehalt,

die zur Rüstung abgestellten Arbeiter, Arbeiterinnen, Schauspieler und Schauspielerinnen erhalten ihr Staatstheater-Gehalt,

die zum Film dienstverpflichteten Schauspieler und Schauspielerinnen erhalten ihr Staatstheater-Gehalt.

So wie bei der Wehrmacht der Wehrsold mit dem Lohn und den Gehältern verrechnet wird, so wie die Rüstungs-Industrie die erarbeiteten Löhne mit dem Staatstheater verrechnet, so wird auch der Film die Einnahmen der zum Film dienstverpflichteten Staatstheater-Schauspieler mit dem Staatstheater verrechnen, das heißt: nur die Staatstheater-Kasse ist zu Auszahlungen von Löhnen und Gehältern an die Gefolgschaftsmitglieder der Staatstheater, wo immer sie auch arbeiten mögen, berechtigt.

Es ist in diesen Tagen vieles hin und her überlegt worden. Es sind von verschiedenen Gesichtspunkten aus die verschiedensten Standpunkte aufgestellt worden.

Ich kann Ihnen meine Gefühle nicht schildern, als ich eine kurze Zeit lang fürchten mußte, daß die Schließung des Staatstheaters für das eine Mitglied den Marsch zur Front mit dem Wehrsold des ungedienten Soldaten bedeuten sollte und für das andere Mitglied den Sprung in die Film-Karriere mit dem sechs- bis zehnfachen Jahreseinkommen.

Mein Bemühen und das Bemühen aller verantwortlichen Stellen war auf das gleiche Ziel gerichtet: jede unbillige Härte zu vermeiden und die Lasten gleichmäßig zu verteilen.

Was die zum Film dienstverpflichteten Künstler angeht, so haben sie ihre Weisungen zum Teil bereits durch den Herrn Reichsfilmintendanten erhalten und sie in den zuständigen Fachzeitschriften veröffentlicht gefunden.

Ich will Euch zusätzlich andeuten, daß die zum Film dienstverpflichteten Schauspieler der jüngeren Jahrgänge in Kürze mit ihrer Einziehung zur Heimatflak zu rechnen haben und in den langen Pausen, in denen ihnen künstlerische Aufgaben nicht gestellt werden, ebenfalls Dienst tun müssen wie ihre nicht auf der Filmliste stehenden Kameraden.

Bei finanziellen Härten, die leicht eintreten könnten in Fällen, wo der Film ein integrierender Bestandteil des Vertrages war oder sogar vertragliche Erwähnung gefunden, also den Lebensstandard des betreffenden Mitgliedes wesentlich bestimmt hat, wird das Staatstheater die ihm vom Film überwiesenen Gagen nach einem mit dem Herrn Reichsfilmintendanten festgelegten Schlüssel zur Auszahlung gelangen lassen.

Die zum Film dienstverpflichteten Schauspieler

erhalten durch die Generalintendanz in einigen Tagen die auf den Arbeitsämtern abzugebenden Ausweise für ihre Film-Tätigkeit.

Ich wende mich jetzt dem Teil der Belegschaft zu, der zur Arbeit in der Rüstung eingezogen wird. Dieser Arbeitseinsatz wird gemeinsam erfolgen.

Der Arbeitsplatz wird bei der Firma Siemens-Werner-Werk, Siemensstadt, Schwiebertweg sein.

Der Einsatz und die Einweisung in die neue Arbeit erfolgt gruppenweise. Die erste Gruppe wird am Freitag, den 8. September, ihre Arbeit aufnehmen.

Wir haben uns persönlich Euren künftigen Arbeitsplatz angesehen und die Arbeitsbedingungen mit den Betriebsleitern genauestens durchgesprochen. Es ist selbstverständlich – und das erwarte ich auch von jedem von Euch –, daß man davon absieht, sich eine Sonderbehandlung den tausend anderen Arbeitern gegenüber zu ergattern.

Es wird aber ständig eine Vertrauensperson des Staatstheaters im Betrieb anwesend sein, mit der jeder jederzeit in Verbindung treten kann.

Die Arbeit wird Euren Fähigkeiten jeweils angepaßt werden, und hier sind es selbstverständlich unsere Arbeiter, die dabei am besten wegkommen; denn erstens sind sie in diesem Falle die Stars, die sehnsüchtig erwartet werden, und zweitens werden sie mit

Aufgaben betraut, die sie kennen und beherrschen.

Ich möchte gerade meinen Arbeitern und Arbeiterinnen, also den Lohnempfängern, ausdrücklich versichern: Euer Einkommen bleibt das gleiche, ob Ihr nun als ungelernte Arbeiter oder als Facharbeiter angestellt werdet: Euer Einkommen bleibt das des Staatstheaters. Sollte einer von Euch an einen Platz gestellt werden, der nicht niedriger sondern höher besoldet wird als die Stelle, die Ihr bis dahin im Staatstheater hattet, so ist es ganz selbstverständlich, daß dieses Mehr an Euch zur Auszahlung gelangt.

Die Aufforderungen zum Arbeitsantritt werden jedem rechtzeitig bekanntgegeben, und in jeweiligen kurzen Vorbesprechungen in der Oberwallstraße wird Euch das Nötige in meiner Anwesenheit mitgeteilt werden.

Dem dritten Teil unseres Betriebes, denen, die zur Wehrmacht einberufen werden, gelten meine herzlichsten Gedanken und meine kameradschaftlichen Wünsche. Es wird jedem, der mich kennt, selbstverständlich sein, daß ich mich diesem Teil meiner Gefolgschaft anschließe und meinen Soldatenrock in den nächsten Tagen wieder anziehe.

Ich habe Euch nun die Euch erwartenden Tatsachen mitgeteilt. Laßt mich jetzt ein Wort über den tieferen Sinn dieser Euch verkündeten Tatsachen sagen.

Am 1. September hatten wir alle das Gefühl, das Staatstheater und unsere Gemeinschaft bestehe nicht mehr, zumindest zur Zeit nicht mehr. Der eine läuft dahin, der andere läuft dorthin. Wie kommen wir wieder zusammen? Wann kommen wir überhaupt alle wieder zusammen?

Heute bin ich glücklich, Euch sagen zu dürfen: wir waren zusammen. Wir sind nie getrennt gewesen – und wir werden zusammenbleiben. Die auf diesen Brettern geschmiedete Einheit, deren einzige Lust und Qual der Dienst in der Kunst war, wird auch in die neuen Arbeitsbereiche mit dem Gefühl gehen: hier im Staatstheater bin ich zu Hause.

Und wenn ich sage: es gibt wenige Theater, die eine solche zusammengeschweißte Schauspielerschaft gehabt haben, so sage ich auch: es gibt kaum ein Theater, das eine solche zusammengeschweißte kunstverständige, kunstfreudige und fachmännisch geschulte Arbeiterschaft gehabt hat. Und für die, die hier fünfzehn, zwanzig, fünfundzwanzig, dreißig Jahre nicht nur die Vorhänge aufgezogen haben, nicht nur die Bühne umgebaut haben, nicht nur die Türen zum Zuschauerraum aufgeschlossen haben, nicht nur die Garderobenmarken abgenommen haben, nicht nur die Kostüme geschneidert, nicht nur die Bärte gestutzt haben, sondern die wußten, warum sie es taten, deren Blick auf die Bühne gerichtet war, die in ihrem Urteil so sicher waren, daß wir Regisseure mehr als einmal einen dieser alten Theaterhasen gefragt haben: was hältst du von der Sache, die ich da grade mache? gerade für die bin ich so froh, Euch zu sagen: Ihr geht zwar in andere Arbeitshäuser, aber wenn Euch jemand fragt, wo seid Ihr angestellt, dann sagt, wie Ihr es ein Leben lang getan habt:

Im Schauspielhaus am Gendarmenmarkt.

Was mich für Gefühle in diesem Augenblick bewegen, muß ich nicht sagen. Ihr werdet das wissen. Nur eines will ich aussprechen:

Solange ich Euch durch diese schwere Zeit geleiten darf, so lange wird mein erster und letzter Gedanke die Sorge um Euer Wohlergehen sein, um die Sicherstellung Eurer Gegenwart und Eurer Zukunft.

Sehen wir uns noch einmal um in diesem heiligen Raum, dem wir unser Leben geweiht haben. Halten wir fest zusammen in dem Gedanken, diesen Raum belebt und ihn zum Zentrum deutscher Bühnenkunst gemacht zu haben.

Bleiben wir, was wir sind:

Mitglieder der Staatlichen Schauspiele.

WIEDERANFANG AM DEUTSCHEN THEATER ZU BERLIN

26. April 1946

Nach der Eroberung Berlins durch die Russen war Gustaf Gründgens mehrere Male verhaftet, anfangs jeweils zu kürzeren oder längeren Verhören, das letzte Mal blieb er neun Monate in russischen Lagern. Nach seiner Entlassung meldete er sich am 26. April 1946 in einer Berliner Tageszeitung mit dem hier folgenden Gruß wieder bei den Berlinern. Er arbeitete danach als Schauspieler und Regisseur am Deutschen Theater in der Schumannstraße, dessen Intendant Gustav v. Wangenheim war; zu dieser Zeit spielte er im Deutschen Theater den Snob von Sternheim, Marquis von Keith und Oedipus und inszenierte Kapitän Brassbounds Bekehrung *und den* Schatten *von Jewgenij Schwartz.*

Nach einer Abwesenheit von dreiviertel Jahren nach Berlin zurückgekehrt, bin ich erstaunt und ergriffen über die vielfältigen Bemühungen um den Neuaufbau des kulturellen Lebens und besonders des Theaterlebens in Berlin. Als ich die Stadt Anfang Juni vorigen Jahres verlassen mußte, stand ich noch ganz unter dem niederschmetternden Eindruck der letzten Kampftage, denen auch das Schauspielhaus am Gendarmenmarkt zum Opfer fiel und in denen das über alle Luftangriffe und in seinem männlichen Teil auch vor Wehrmacht und Volkssturm gerettete Ensemble des Staatstheaters in alle vier

Winde zerstreut wurde. Fast schien es, als seien alle Kämpfe und Mühen der letzten Jahre, die einzig dem Ziel galten, die mir anvertrauten Menschen und ihre künstlerische Heimat aus der Katastrophe zu retten, doch vergebens gewesen.

Nun war es eines der wenigen erfreulichen Geschehnisse: der Zusammenhalt der in Berlin verbliebenen Künstler, die sich, in gleicher Weise unterstützt von Magistrat und Besatzungsmächten, wieder regen durften und regten. Es gibt wieder Premieren, es gibt neue Bühnen, es gibt Studios, und es gibt ein heftiges Für und Wider der Meinungen und Ansichten. Bei allen Maßstäben, die an Aufführungen im heutigen Berlin angelegt werden und deren künstlerische Ansprüche nicht hoch genug sein können, soll man nicht vergessen, welch ein Wunder es ist, daß überhaupt schon wieder Theater gespielt wird und daß schon wieder Aufführungen, Auffassungen und Leistungen zur Diskussion gestellt werden.

Es kann für mich nichts Natürlicheres geben, als mich diesem Wiederaufbau von Herzen und ohne Vorbehalt zur Verfügung zu stellen. Es ist selbstverständlich, daß jeder nach seinen besten Kräften da mit anpacken muß, wo er sich am nützlichsten machen kann. Wir Schauspieler haben dabei einen großen Vorzug, nämlich, daß uns meistens unsere Arbeit so viel Freude macht, daß der Gewinn oft bei uns liegt.

Die deutschen Schauspieler haben viel nachzuholen und viel zu lernen. Wir kennen nichts von den Stücken, die in der Welt in den letzten zwölf Jahren geschrieben wurden, wir wissen wenig von dem Theater, das inzwischen dort gespielt wurde. Wir haben, abgeschnitten von der Außenwelt und von ihrer künstlerischen Entwicklung, nichts weiter tun können, als unser Handwerkszeug für die großen Aufgaben, die uns jetzt gestellt werden, frisch zu erhalten. Ich jedenfalls habe meine Aufgabe in den letzten Jahren in der Hauptsache darin gesehen, die mir anvertrauten Kollegen, und namentlich die jüngeren von ihnen, auf diese kommenden Aufgaben vorzubereiten. Ich bin sehr glücklich, die meisten von ihnen heute in Schlüsselstellungen der Theater in allen Zonen zu wissen.

Dazu aufgefordert, muß ich es aussprechen: es wurde in den vergangenen Jahren oft gut Theater gespielt, und trotz aller Widerstände kamen gelegentlich Aufführungen zustande, die ich nur zu gern in freier Meinungsäußerung zur Diskussion gestellt hätte. Denn das machte alle unsere Arbeit fragwürdig: daß über sie kein ungehemmter Meinungsaustausch stattfinden konnte, und daß wir uns nicht an den Werken der Weltliteratur erproben konnten, sondern immer nur in engem Kreis auf unsere eigenen Dichter beschränkt blieben, wobei wir uns aus verständlichen Gründen hauptsächlich auf unsere Klassiker zurückzogen.

Es ist schade, daß jetzt, wo die Abgeschlossenheit, in der man uns hielt (und in der wir uns hielten), beendet ist, das Berliner Theater sich in einer Form zeigt, die nicht verbindlich ist, die nicht verbindlich sein kann.

Die Ensembles sind aufgelöst und bilden sich neu (was später einmal ein Vorteil gewesen sein wird), und ein großer Teil der Schauspieler, die hierher gehören, sind noch nicht nach Berlin zurückgekehrt. Das ist bedauerlich, denn ich bin aus künstlerischen, aber auch aus charakterlichen Gründen der Meinung, die Berliner Schauspieler sollen in Berlin Theater spielen. Sie haben aus ihrer Arbeit in Berlin viele künstlerischen Vorteile gezogen, sie haben dem Berliner Publikum viel zu danken, und sie sollten in der Notzeit dieser geliebten Stadt zur Stelle sein. Das Beste, was wir geben können, ist jetzt gerade gut genug.

Ich freue mich, jetzt wieder an Max Reinhardts Deutschem Theater spielen zu können, von wo ich meinen Ausgang in Berlin nahm und über dem zu allem noch die Bezeichnung *Ehemaliges Staatstheater* steht. Ich freue mich, viele meiner Kollegen dort wiederzusehen, deren geschlossenes Eintreten für mich mein schönstes Erlebnis war.

Und ich bin mit größerer Leidenschaft als je das, was ich immer war: ein Berliner Schauspieler.

EINE ENTSCHEIDUNG

Übernahme des Düsseldorfer Schauspielhauses 1947

Wie die allgemeine Situation, blieb die Situation der Theater in den ersten Jahren nach der großen Katastrophe überall ungewiß. In Berlin spielten das Deutsche Theater unter Gustav v. Wangenheim und Langhoff, das Hebbel-Theater unter Karl Heinz Martin und die Staatsoper im Admiralspalast unter Legal; daneben kam Barlogs Schloßpark-Theater in Steglitz neu in den Vordergrund. Andere Gründungen tauchten auf und sanken wieder unter. Es fehlten Theaterhäuser und es fehlten auch Darsteller von erstem Rang. Diese waren nach der Schließung der Theater im Herbst 1944 nach überall verschlagen und konnten entweder nicht nach Berlin zurückkehren oder scheuten noch vor der Viermächtebesatzung und am meisten vor der Inselsituation Berlins inmitten des russischen Besatzungsgebiets. Außerdem kündigte sich schon bald immer deutlicher die Teilung in Ost und West an. Und endlich begriff die Berliner Stadtregierung zu spät, daß von den alten Voraussetzungen für Berlins Glanz in der übrigen Welt nur noch in der Kunst eine Möglichkeit gegeben war.

Für Gründgens fand sich, wie sich herausstellte, jedenfalls in Berlin nicht das Betätigungsfeld, das seinen Kräften entsprochen und vor allem seinem Verantwortungsbewußtsein vor dem Schicksal des Theaters in Deutschland genügt hätte. Er wußte nicht, wo er das Feld finden würde, als er einen Ruf der Stadt Düsseldorf erhielt. Dort war er geboren, dort war auch an der Schule des Schauspielhauses von Luise Dumont und Gustav Lindemann der Grund zu seiner Schauspielkunst gelegt worden. „Ich bin von eurer Hand geformt, und ich kenne sie gut, diese Hände, die mich geschüttelt haben. Sie lehrten mich zwei Dinge: Ehrfurcht vor unserem Beruf und die Tatsache, daß Kunst nur auf dem Boden der Wahrheit und der Wirklichkeit gedeihen kann“, bekannte Gustaf Gründgens in einem Brief an Gustav Lindemann am 20. August 1952.

Gestatten Sie mir, mich ausschließlich an den Betrieb zu wenden, den Sie mir mit dem heutigen Tage anvertraut haben und den zu begrüßen mein erster Wunsch ist.

Lassen Sie mich gleich eingangs zu Ihnen sagen: ich bin nicht nach Düsseldorf gekommen, um Berliner Theater zu machen oder um die Insel, wie wir damals unser Schauspielhaus am Gendarmenmarkt nannten, hier in neuer Auflage erstehen zu lassen. Solche Versuche sind gedankenlos, unkünstlerisch und entsprechen nicht der Zeit, in der wir leben. Diese Zeiten, in denen ein Theater, wenn es unbeeinflußt Kunst machen wollte, sich von der Umwelt abschließen, sich eben eine Insel nennen lassen mußte, sind Gott sei Dank vorbei, und wir wollen hoffen, daß wir auch nie etwas Ähnliches nur wieder erleben müssen.

Ich bin nach Düsseldorf gekommen, um Düsseldorfer Theater zu machen: mit Düsseldorfer Künstlern und aus der mir so vertrauten Düsseldorfer Atmosphäre heraus. – Ich kann es auch anders formulieren: ich habe zehn Jahre Kunst gegen etwas gemacht, ich sehne mich danach, Kunst für

Als Josef K. in Franz Kafkas „Der Prozeß“ 1950

etwas zu machen. Ich habe, verstanden von dem großen Kreis der Menschen, die mit mir künstlerische Fühlung hatten (und das beschränkt sich bei mir nicht auf den Sänger und Schauspieler allein, sondern das umfaßt für mich jeden Menschen, der am Theater mitarbeitet), ich habe, von diesen verstanden, aber auch von vielen Außenstehenden mißverstanden – ich kann sagen, zu meinem Glück mißverstanden –, in vielerlei Tonarten musizieren müssen, um die mir anvertrauten Menschen heil über die Zeit zu bringen. Meine größte Hoffnung ist es, Ihnen hier meine Kunst nun in breitem C-dur vormusizieren zu dürfen.

Ich bringe Ihnen kein Programm, wie könnte ich das. Sie wissen, daß ich ein Praktiker des Theaters bin, und ich bin stolz darauf. Programme haben immer etwas Abstraktes, Theoretisches, wenn sie nicht in ruhiger, verständlicher Zusammenarbeit mit allen, die mit diesem Programm befaßt werden sollen, entstehen: also – mit dem gesamten Personal der Düsseldorfer Bühnen und mit dem Volk, für das wir Theater machen wollen. Ich bringe kein Programm, aber ich bringe Ihnen mein Talent, meine Arbeitskraft, meine Erfahrung, meinen ernsten Willen zur Kunst – zu einer Kunst, die sich nie, wie ich hoffe, in luftleerem Raum verlieren wird, die nie Selbstzweck werden soll, sondern aus den Gegebenheiten, die ich hier vorfinde, langsam ihr Gesicht bekommen muß. Ich glaube, daß ein Theater an die Umwelt gebunden ist, in der es steht, daß die Landschaft es ebenso beeinflußt wie die Menschen, die in ihr leben. Wie ich das dogmatische Theater ablehne, das Theater des erhobenen Zeigefingers, so hasse ich das esoterische, abseitige, das eigenbrödlerische Theater, jedes Theater, das sich auf Kosten des Volkes interessant machen will. Die Schule, die unser Volk, und gerade die Menschen unserer näheren Heimat, durchmachen muß und soll – und hoffentlich erfolgreich durchmacht –, ist so hart und bitter, daß die Aufgaben des Theaters heute wesentlich darin liegen müssen, dem Volk bei dieser Arbeit zu helfen, ihm zum Trost und zur Stärkung die menschlichen Werte an die Hand zu geben, die große Genien der Welt ihm geschenkt haben, und zum anderen es zu entspannen, es anmutig und heiter zu entspannen. Von diesem Grundsatz abgesehen, scheint mir das Theater heute, neben der selbstverständlichen Pflege der großen Dichtung der Weltliteratur, drei entscheidende Aufgaben zu haben: eine Wiedergutmachung an den dichterischen Werten, die in den letzten Jahren zum Schweigen verurteilt waren; eine Vermittlung der Fortschritte, die die dramatische

Kunst in der Welt inzwischen gemacht hat und die wir aus unserer Klausur heute oft ganz falsch beurteilen; und (zum dritten), die Suche nach dem neuen Klang, nach dem neuen Dichter, der aus unserer Mitte wachsen wird. Um das zu erreichen, werde ich auch vor der Annahme von Werken nicht zurückschrecken, die in ihrer äußeren Form noch nicht vollkommen sind, an deren innere Wahrhaftigkeit ich aber glauben kann.

Die rheinisch-westfälische Landschaft hat das Glück, auch heute noch reich an Theatern zu sein, und die Stätten, an denen Theater gespielt wird, liegen nahe beieinander. Ich hoffe sehr, daß sich die Theater unserer engeren Heimat nicht in langweiliger Konkurrenz gegeneinander verzetteln, sondern die große Chance, die in edlem Wettbewerb um die Kunst und in den schönen Vergleichsmöglichkeiten liegt, wahrnehmen. Ich jedenfalls würde nicht anstehen, alle Versuche zu machen, eine mir besonders glücklich scheinende Aufführung der Nachbarstädte auch einmal in Düsseldorf zu zeigen.

Glauben Sie mir, daß es mich tief bewegt, auf der Bühne dieses Hauses zu stehen – zum ersten Mal –, von der ich meine ersten Eindrücke vom Theater überhaupt empfing; des Theaters, in das ich mich – trotz aller elterlichen Verbote – immer wieder einschmuggelte, erregt und von dem Zauber umfangen, dem ich dann später ganz verfallen sollte. Erst einige Jahre später hatte ich dann die Begegnung, die für mein ganzes künstlerisches Leben entscheidend werden sollte: die Begegnung mit Luise Dumont und Gustav Lindemann, und die Begegnung mit der lauteren Persönlichkeit Peter Essers.

Die Zeit auf der Schauspielschule des Schauspielhauses hat den Grundstein für mein künstlerisches Schaffen gelegt, und ich habe heute, nach achtundzwanzig Jahren künstlerischer Erlebnisse und Erfahrungen, keinen Anlaß, diese ersten Eindrücke im wesentlichen zu korregieren. Es waren damals Zeiten, die den heutigen in mancher Beziehung verwandt sind. Man schrieb das Jahr 1919.

Die Unbeirrbarkeit, mit der Luise Dumont und Gustav Lindemann in den Wirren dieser Zeit – allem Neuen weit geöffnet – keinen Zentimeter künstlerischen Bodens preisgaben und gerade mit dieser Konzessionslosigkeit im Künstlerischen ihr Publikum an sich fesselten, war mir eine unvergeßliche Lehre und der nie widerlegte Beweis für die Macht der Kunst, an die man nur fest glauben muß und an die allein wir uns halten sollen, um auch für den eigenen Weg Kraft zu finden. Es waren auch damals stürmische Zeiten, in denen ich das entscheidende Theatererlebnis hatte und wir Schauspielschüler oft genug hinter den Bäumen der Alleestraße lagen und unsere Sprechübungen machten, wenn über und um uns die Kugeln pfiffen, mit denen sich eine verwirrte Bevölkerung bekämpfte.

Wie viele von Ihnen wissen, habe ich in den Jahren meiner Entwicklung immer wieder den Weg nach Düsseldorf gefunden, um meiner Heimatstadt etwas von dem zu zeigen und zu vermitteln, was ich draußen gelernt hatte.

Wenn man mich in diesen Tagen fragt – und man tut es immer wieder –: „Wie sind Sie darauf gekommen, nach Düsseldorf zu gehen", so ist meine Antwort: „Ich bin gar nicht darauf gekommen, Düsseldorf ist darauf gekommen."

Und mit diesem Ruf aus meiner Heimatstadt hatte ich mich auseinanderzusetzen. Sie werden mir glauben, wenn ich Ihnen sage, daß das kein leichter Entschluß war. Ich habe fast zwanzig Jahre in Berlin gelebt und habe eine glückliche Beziehung zu dieser Stadt, ihren Menschen und ihren Künstlern; und oft genug in den letzten Jahren hat mein Berliner Publikum sein Verständnis für das Wie und Warum meines oft schwer zu verstehenden Tuns und Lassens so demonstrativ gezeigt, daß dieser Beweis der Anhänglichkeit manchmal ins Gegenteil umzuschlagen drohte und meine Arbeit gefährdete. Aber das war in den Zeiten meines äußeren Glücks und wiegt vielleicht nicht viel. Aber dann kam eine Zeit, in der es mir nicht gut ging, eine Zeit, in der es bequemer gewesen wäre, sich etwas von mir zu distanzieren, eine Zeit, in der jeder so viel mit sich zu tun hatte, daß es fast entschuldbar gewesen wäre, wenn er sich um das Schicksal eines Fernerstehenden nicht so gekümmert hätte.

Sie werden gleich verstehen, warum ich Ihnen das hier erzähle. Zunächst lassen Sie mich Ihnen noch sagen: daß ich heute hier vor Ihnen stehe und hoffentlich bald mit Ihnen arbeiten kann, verdanke ich neben der Einsicht und Großzügigkeit der russischen Besatzungsbehörden, die für mich zunächst allein zuständig waren, und neben der bedingungslosen und ihre eigenen Interessen außer acht lassenden Liebe meiner Frau, in erster Linie dem selbstlosen, tapferen und einmütigen Einsatz aller Menschen, mit denen ich in diesen Jahren zusammen gearbeitet habe: ob es nun die Bühnenarbeiter waren oder die Sänger, die Schauspieler, die Schneider oder Musiker. Ich verdanke es einer mich tief ergreifenden und tief verpflichtenden Aktivität, die, wie ich finde (nicht weil ich das glückliche Objekt war), unseren ganzen Stand ehrt. Es wäre nicht anständig von mir, wenn ich Ihnen das heute nicht sagte und wenn ich nicht von meiner tiefen Anhänglichkeit an Berlin spräche. Ich bin deshalb auch sehr glücklich, mit Wolfgang Langhoff, der mir übrigens gestern telefonisch herzliche Grüße für Sie auftrug, Abmachungen getroffen zu haben, nach denen ich auch nach Übernahme der Leitung der Düsseldorfer Bühnen Gelegenheit haben werde, mich im Deutschen Theater in zwei Inszenierungen meinem Berliner Publikum zu zeigen.

Ich muß es aussprechen: diese Abmachungen mit Langhoff waren geradezu die Basis, auf der ich den Vertrag, den die Stadt Düsseldorf mir anbot, annehmen konnte; und ich bin sehr dankbar für das Verständnis, das mein Düsseldorfer Vertragspartner für meine Situation hat.

Möglicherweise denken Sie jetzt, warum erzählt er uns von Berlin, von seiner Liebe zu dieser Stadt, was geht uns das an, wir sind in Düsseldorf und wollen etwas über seine Liebe zu Düsseldorf hören.

Ich erzähle Ihnen das so ausführlich, um Ihnen meinen Entschluß, *trotz allem* nach Düsseldorf zu kommen, eindringlicher und ernsthafter vor Augen zu stellen. Je mehr ich in Berlin aufgebe, und je schwerer es mir fällt, desto klarer wird, welches Gewicht ich meiner Arbeit hier beimesse. Gerade mein Bekenntnis zu dem von vielen Schicksalen heimgesuchten Berlin möge Ihnen meine Verbundenheit mit meiner Heimatstadt verdeutlichen.

Ich stand einfach vor der Entscheidung, mehr oder weniger der Nutznießer meiner eigenen Popularität zu werden oder aber mich mit dem Besten was ich habe – und dieses Beste wird mir hier abverlangt – einzuordnen in die große Front derer, denen der Wiederaufbau, lassen Sie mich lieber sagen: Neuaufbau unserer Heimat am Herzen liegt. Glauben Sie mir, daß ich nicht leichten Herzens wieder die Last, die die Verwaltung einer großen Bühne mit sich bringt, auf mich nehme. Glauben Sie mir, daß ich, als alles vorbei war, aufgeatmet habe und mir gesagt habe, nie wieder! Es fällt mir nicht leicht, aber es scheint mir anständiger.

Und nun ich einmal hier bin, habe ich nur den einen Wunsch, mit Ihnen allen ein gutes entspanntes kameradschaftliches Zusammenarbeiten zu erreichen, denn ich weiß genau, ich kann gar nicht Kunst ohne Sie machen; und ich bitte Sie herzlich, mir unbefangen und vertrauensvoll – wenn es geht, unvoreingenommen – gegenüberzutreten, wenn wir an die Arbeit gehen.

Ich habe zum Schluß eine kleine Bitte: ich habe einen Grund zur Animosität gegen Titel; ich habe einige mit mir herumgeschleppt; sie haben mir nicht genützt; sie haben mich erst belästigt, und dann haben sie mir geschadet. Heute sind sie Plunder und liegen in den Ecken, und das einzige, was von ihnen blieb, ist, daß sich gelegentlich noch einmal einer daran stößt. Aber ich habe einen Namen, dem ich bis heute, wie ich glaube, keine Schande machte und dem ich in meiner Vaterstadt Ehre zu machen hoffe. Ich konnte mich einmal Generalintendant nennen, und ich könnte es heute wahrscheinlich wieder. Wie lange ich es kann, weiß ich nicht; aber Gustaf Gründgens werde ich bis zu meinem letzten Atemzug heißen. Es ist mir lieber, wenn Sie mich gleich mit meinem Namen und nicht mit meinem Titel ansprechen, dann ersparen wir uns das Umlernen.

Ich grüße Sie, ich freue mich auf Sie, ich freue mich auf Düsseldorf und auf meine Arbeit mit Ihnen.

THEATER UND PRESSE

Zum Abschluß der Düsseldorfer Presseausstellung 29. November 1947

Der Vortrag wurde am 29. November 1947 zum Abschluß der Presseausstellung in Düsseldorf vor deutschen Presseleuten gehalten. Die Männer in der neuen deutschen Presse waren, außer durch die Besatzungen, in ihrem Urteil sowie in allen Äußerungen damals noch durch keinerlei Realität gehalten. Die Wirklichkeit, in der sie standen, zeigte überall nur die Trümmer einer Welt. Und wo etwas geleistet wurde, war das Material dazu aus Trümmern geholt. Die Männer von der neuen Presse maßen begreiflicherweise gerne alles an ihren Vorstellungen von einer idealeren Welt, die nun kommen sollte; mußten sie doch zeigen, daß in ihnen das Bild einer besseren Welt bestand. Darin mag auch einer der Gründe dafür zu suchen sein, weshalb so vieles, was in wenigen Jahren wiedererstand, in einem falschen äußeren Glanz strahlt.

Ich weiß nicht, welcher Teufel mich geritten hat, zu diesem Vortrag meine Zustimmung zu geben. Das mir gestellte Thema ist das unbequemste und undankbarste, das sich denken läßt. Ich werde heute zu Ihnen reden dürfen, und Sie werden, wenn Sie es wollen, darauf morgen in allen Zeitungen vor vielen Hunderttausend Menschen Ihre Meinung oder Gegenmeinung äußern können. Ich werde nie die Zeit haben, darauf zu erwidern. Es ist also eigentlich eine ungleiche Partie.

Dazu werden mir heute einige Äußerungen der Presse zu der letzten Neueinstudierung an unserem Theater vorgelegt, die mich zwingen, meine Worte sehr viel bescheidener zu wählen.

Aber da Theater und Presse nun einmal zusammengehören, wenn auch nicht so eng zusammengehören, wie manche meinen, so will ich Ihnen vorlesen, was ich meinem armen überlasteten Kopf zwischen zwei *Oedipus*-Vorstellungen abgerungen habe.

Ich bitte Sie herzlich, nehmen Sie es nicht so wichtig, denn im Grunde bin ich etwas der Ansicht Peter de Mendelssohns, der neulich in der Hamburger Zeitung ‚Die Welt' seinen Unmut über die übertriebene Wichtigkeit, die seiner Meinung nach der Deutsche – besonders die deutsche kunstkritische Intelligenz – dem Theater beimißt, ausgedrückt hat.

Wenn sich die Mendelssohnschen Vorwürfe auch in der Hauptsache gegen die zur Zeit besonders in Berlin wie Pilze aus dem Boden schießenden Kunstzeitschriften richten, so lassen sich doch daraus symptomatische Folgerungen für die Stellung des Theaters im Leben unseres Volkes ziehen.

Wie es unsere vordringliche Aufgabe ist, in einer aus den Fugen geratenen Zeit den Sinn für Maß und Gewicht der Dinge wieder herzustellen, so müssen wir auch dem Theater wieder den Platz geben, der ihm im natürlichen Leben des Volkes zukommt.

Und da will ich gleich anfangs sagen, daß bei uns das Theater überschätzt wird, oder, vielleicht besser ausgedrückt, in einer falschen Richtung überwertet wird. Das liegt nach meiner Meinung daran, daß man sich über die Dinge des Theaters am ungefährdetsten äußern durfte und darf; und in eine Kritik über eine Theatervorstellung fließt manches Wörtchen mit ein, das in den letzten fünfzehn Jahren über dem Strich zu sagen nicht möglich war und auch heute noch nicht wieder möglich ist. Wir müssen erst alle wieder lernen, auf allen Gebieten die Dinge in ihrer Gesamtheit und ihrem gegenwärtigen Stadium zu betrachten, und sollten nie vergessen, wie sehr wir, mit allem was wir tun, am Anfang stehen, so verständlich auch die Ungeduld des Herzens ist, dort schon Taten, gute oder schlechte, feststellen zu wollen, wo es sich bestenfalls um erste, zögernde Schritte handeln kann.

Wenn ich etwas aus den vergangenen zwölf Jahren zurückbehalten habe, dann ist es eine Idiosynkrasie gegen große Worte. Im Kriege flatterte in meinen Garten, von einem amerikanischen Flieger abgeworfen, ein Flugblatt mit einer Schrift von Thomas Mann. Er schrieb darin etwa: Im Altertum habe es einen König namens Midas gegeben, der alles, was er anfaßte, in Gold verwandelte; jetzt gäbe es in Deutschland einen, der alles, was er anfaßt, in Dreck verwandle. Alle Begriffe, die einem teuer gewesen waren, wie Vaterland, Ehre, Treue usw., seien einem nun durch den Mund dieses Mannes verleidet.

Daran mußte ich, als ich diese Zeilen schrieb, denken und muß Ihnen nun gestehen, daß für mich auch das Wort vom Theater als einer moralischen Anstalt darunter zu fallen beginnt; diskreditiert, genotzüchtigt durch die phrasendreschenden Trabanten dieses zweiten Midas. Sicher ist das Theater eine moralische Anstalt, oder gewiß sollte es eine sein, aber wir sollten uns hüten, dieses Wort immer im Munde zu führen.

Selbst die letzten zwölf Jahre haben die ewigen Werte des Theaters nicht anzutasten vermocht; und Lessing und Goethe, Schiller und Kleist haben allen Versuchen, sie zu fälschen oder durch eine unangemessene Ideologie zu brechen, widerstanden; die Tragödien der Griechen haben Jahrtausende überdauert, ohne daß ihr Stündlein geschlagen hätte. Im Augenblick scheint es mir wichtig, immer wieder auf die Zeitgebundenheit des Theaters hinzuweisen, das immer dann seine schönste Blütezeit erlebte, wenn die

Bindung an die Zeit am stärksten war. Ich gehe aber auch noch weiter, und die Erfahrung der letzten Tage gibt mir recht: wenn wir ehrlich sein wollen, ist das Theater nicht nur an die Zeit, sondern auch an den Ort gebunden. Es darf also nicht absolut geführt werden, sondern muß immer aus den Gegebenheiten heraus, die es vorfindet, seine gestaltenden Möglichkeiten und Wirkungen suchen. Das heißt nicht, daß es keine erzieherischen Aufgaben hätte. Das heißt nicht, daß man nicht in der Stadt, in der man arbeitet, bis an die Grenze des Möglichen gehen sollte; aber eben des Möglichen. (Nebenbei sind diese Grenzen des Möglichen viel weiter gesteckt, als wir uns gewöhnlich vorstellen.) Diese Grenzen des Möglichen, das heißt die äußersten Grenzen der Aufnahmefähigkeit unserer Zuhörerschaft abzutasten und festzustellen, ist eine Hauptaufgabe des Theaterleiters, und es ist die Hauptaufgabe auch des Rezensenten. Ich habe bei meiner Düsseldorfer Antrittsrede gesagt, daß ich ein Theater, das sich in einem luftleeren Raum hinauf- oder auch hinunterspielt, nicht mag, und dieses Nichtmögen beginnt sich bei mir in einen leidenschaftlichen Protest dagegen zu verwandeln, den Alltag und die Verzweiflung unseres Volkes, die Ratlosigkeit und die fast unüberwindlichen Schwierigkeiten, vor denen vor allem unsere Jugend steht, durch eine Art der Theaterführung zu ignorieren, die sich zwar gute Zensuren holt, an der Realität des Tages aber vorbeilebt. Ich will lieber auf den billigen Ruhm des Avantgardisten verzichten, als mich zu jenen Theoretikern gesellen, deren bester Eifer dadurch zum Scheitern verurteilt ist, daß die Aufnahmebasis für ihre Ideen noch gar nicht gegeben ist. Glauben Sie mir, es ist ein billiger Ruhm, um einer künstlerischen Sensation willen – das Wort in seinem guten Sinne gemeint – die Situation, aus der heraus wir arbeiten und leben, aus dem Auge zu verlieren und den Boden unschöner Tatsachen zu verlassen. Mein Spielplan soll lieber unoriginell sein als publikumsfremd. Und so mag ich auch eine Theaterkritik nicht, die nicht die Beziehung zwischen dem Werk, seinen Interpreten und dem Publikum als Grundlage hat.

Das Publikum des Kritikers ist seine Leserschaft. Ich habe nur Unwillen und Abneigung, wenn sich der Rezensent, der für eine der vielen wichtigen Zeitungen kleiner und kleinster Städte schreibt, in hochliterarischer Form auf Kosten seiner Leserschaft geistreich und interessant macht. Er nützt dem Theater nicht, und er erzeugt bei seiner Leserschaft entweder Unverständnis oder Minderwertigkeits-Komplexe.

Ich würde es nicht für charakterlos halten, wenn ein Kritiker, der für verschiedene Blätter schreibt, auch seine Kritiken verschieden formulierte, je nach dem Leserkreis der Zeitung, für die er arbeitet. Das heißt natürlich nicht, daß er wie ein Chamäleon jeweils die Farbe des Blattes annehmen sollte, für das er schreibt, sondern seine Meinungsäußerungen dem Niveau dieser speziellen Leserschaft anpassen.

Ich halte es durchaus für möglich, daß meine *Fliegen*-Inszenierung in einer anderen Stadt, zu einem anderen Zeitpunkt anders ausgesehen haben würde, aber ich würde nie sagen, das wäre eine Spekulation, sondern eben eine intuitive Anpassung an Ort und Zeit.

Ich habe neulich von einem Herrn der Presse, wenn auch nicht von einem Fachkritiker, die Meinung äußern hören, daß meine *Fliegen*-Inszenierung in manchen Punkten nicht kühn genug gewesen sei. Dazu habe ich zu sagen: allein schon die Tatsache der *Fliegen*-Aufführung in Düsseldorf war tollkühn. Daß sie nicht ins Falsch-Sensationelle wuchs, sondern im Künstlerischen blieb, daß sie, mit der Aufnahmemöglichkeit eines deutschen Publikums im Jahre 1947 rechnend, kein Theaterskandal wurde, sondern ein Publikumserfolg, das allein rechne ich mir als Verdienst an.

Als Hamlet 1949

Ich las in einer im übrigen sehr klugen Kritik die Bemerkung, ich hätte wohl, das katholische Rheinland berücksichtigend, die Figur des Jupiter rücksichtsvoller gedeutet, als sie der Verfasser gemeint hat. Das glaube ich nicht, denn erstens habe ich selten eine Szene gespielt, in der beide Partner von ihrem Standpunkt aus so schlagende Argumentationen vorzubringen haben wie Orest und Jupiter, und wenn ich es doch getan hätte, würde ich zweitens diese Rücksicht, soweit sie nicht einer Verfälschung des Werkes gleichkommt, für meine Verpflichtung vor dem Publikum halten, das ein Recht darauf hat, das Wesentliche des Werkes interpretiert zu bekommen; und solange diese Hauptverpflichtung dem Werk gegenüber gewahrt bleibt, wäre es nicht zu verantworten, die Gesamtwirkung durch unwichtige Züge zu gefährden. Um ein Beispiel zu nennen:

Es ist sicher keine Verfälschung des Sartreschen Werkes, wenn ich statt der Stelle in der Übersetzung „Ich werde den Quatsch dieses Backfisches abstellen", sagen lasse: „Ich werde dem Unfug des jungen Mädchens ein Ende machen". Der Slang ist nicht das Wesentliche an Jupiter, und es ist nicht nötig, daß er beispielsweise sagt: „So viel Umstand wegen einer Frau, die abschnappt." Es genügt schon, wenn er sagt: „So viel Umstand wegen einer Frau, die umfällt.“ Derartige banale Wendungen treten in einer deutschen Übersetzung stärker hervor als im Französischen, wo sie mehr in den Sprachgebrauch eingegangen sind. Warum soll ich aus mißverstandener Werktreue riskieren, daß das Interesse des Publikums vom Sinn des Dramas auf seine mehr oder minder schönen Arabesken abgelenkt wird.

Einen Theaterskandal zu inszenieren ist kinderleicht, kinderleicht für einen Regisseur und kinderleicht für ein Publikum oder gewisse Interessengruppen. Aus ‚nichts‘ etwas zu machen, ist ein billigeres Kunststück, als man allgemein glaubt, in der Politik wie in der Kunst. Aus ‚etwas‘ etwas zu machen, ist sehr viel schwerer.

Ich sagte, daß ich nur an ein Theater glaube, das aus den gegebenen Realitäten herauswächst. So glaube ich auch, daß nur eine Presse für das Theater fruchtbar sein wird, die von denselben Voraussetzungen ausgeht.

Der Plan zu jeder Theateraufführung beginnt mit einem Kompromiß. Ich stehe jedesmal, gleichgültig ob in Düsseldorf oder in Berlin, verzweifelt am Beginn einer Inszenierung, halte das Stück für unaufführbar und jede Rolle für nicht zu besetzen. Und dann beginnt das mühselige, bittere Ringen um die Realisierungsmöglichkeit einer Dichtung und das relativ beste Resultat, in der Transponierung des Gedichteten, Erdachten, Erfühlten auf die Realität der Bühne. Es kann keine Transponierung des Hamlet oder des Mephisto oder des Don Juan geben, die meiner Vorstellung und meiner Phantasie auch nur einigermaßen entspricht. Ich kann nur versuchen, dem relativ besten Darsteller seine besten Möglichkeiten zu entlocken und dem Bild des Dichters so weit gerecht zu werden, als es meine und meiner Schauspieler Möglichkeiten gestatten.

Welche Dekors könnten meinen szenischen Vorstellungen genügen? Das konnte weder die große Bühne des Schauspielhauses am Gendarmenmarkt noch kann es die kleine Bühne des Neuen Theaters in Düsseldorf. Ich glaube nicht, daß es die Guckkastenbühne überhaupt kann.

Aber da ich sie habe, muß ich mit ihr rechnen. Sie hat ihre bestimmten architektonischen Grenzen, die man nicht ungestraft verletzt, und ich bin nach fünfundzwanzig Jahren praktischer Arbeit am Theater so weit, mich diesen Gedanken zu beugen und jeden Versuch, sie in den bestehenden Raumverhältnissen zu durchbrechen, für Spielereien zu halten.

„Setze ihr Vorbauten und Einbauten auf von Millionen Einfällen, sie bleibt doch immer, was sie ist“, und meine und meiner Mitarbeiter häufige Rückgriffe auf die Schräge, zum Beispiel in den großen Fehling-Inszenierungen, in Stroux's *Oedipus*, oder jetzt wieder bei Schallas *Turandot*, sind nichts anderes als die Rückkehr zum alten Bühnenfall, der eben architektonisch begründet und der Guckkastenbühne angemessen ist.

Das alles sind Sorgen, die den Besucher nicht angehen. Ich bin ein Anhänger der These von Ludwig Hardt, dem großen Vortragskünstler: zwischen Bühne und Zuschauerraum hat Feindschaft zu herrschen. Er meinte damit, daß jede Theateraufführung ein Kampf ist, den man mit einem bestenfalls neutralen Publikum auszufechten hat, das von den wochenlangen Leiden und Freuden, welche die Vorbereitung eines Stückes mit sich bringt, nichts ahnt.

Dieser Kampf hat seine strengen Regeln. Unfair ist jedes Heraustreten aus dem Kunstwerk, jedes private Werben um die da unten, jedes Überlaufen zum Feind. Dem widerspricht nicht, wenn ich meinen Schauspielern immer wieder sage, daß sie nicht vergessen dürfen, daß sie vor dem Publikum spielen und daß sie für das Publikum spielen; aber sie sollen sich an die Regeln halten, sie sollen *fair-play* machen.

In diesem Kampf sitzen Sie unter meinen Gegnern, im Publikum. Und nun wäre die Frage zu beleuchten, was Sie in eine Position bringt, die das verbindende Wörtchen ‚und' im Titel meines Vortrages rechtfertigt: Theater und Presse.

Ein gewöhnlicher Zuschauer zahlt seine Karte, geht ins Theater, und er äußert seine Zustimmung oder sein Mißfallen am Schluß der Vorstellung und im Kreise seiner Freunde. Das bleibt privat. Sie bezahlen Ihre Karte nicht, Sie gehen ins Theater und schreiben Ihre Meinung für viele Tausende auf. Das ist nicht mehr privat, das ist eine Verpflichtung.

Es ist eine Binsenwahrheit, daß die Presse der Vermittler zwischen Publikum und Theater sein soll. Der Vermittler aber ist beiden Parteien verpflichtet. Die beste Bedienung für Theater und Publikum besteht also in der sachlichsten Wiedergabe des Eindruckes, den der Kritiker in der Vorstellung gewonnen hat. Daß diese Eindrücke spezifischer, persönlicher und prägnanter sind als die des Durchschnittszuschauers und daß sie in klaren Formulierungen zum Ausdruck kommen, macht seine Befähigung und Berechtigung aus, Kritiken zu schreiben. Und je ausgeprägter diese Eigenschaften bei ihm sind, ein desto besserer Kritiker wird er sein. Wie diese Fähigkeiten nutzbar zu machen sind, gehört in einen Vortrag „Kritiker und Verleger".

Das Theater hat andere Wünsche und Erwartungen an die Kritik. Die wichtigste ist, daß sie die angeführten Realitäten und Gegebenheiten der jeweiligen Aufführung, die sie kritisiert, im Auge behält, daß sie sich also auf den Boden der Tatsachen stellt und von da aus helfend, lobend oder tadelnd eingreift. Genau wie ich meine Idealvorstellung von *Faust* oder *Hamlet* nicht realisieren kann, sondern mich mit dem Menschenmöglichen bescheiden muß, so dürfte auch der Kritiker keine absoluten Forderungen stellen, sondern die Möglichkeiten einer Aufführung zum Ausgangspunkt seiner Kritik machen. Er soll unerbittlich sein bei jeder prinzipiellen Verfälschung eines Stückes, er soll unerbittlich, aber mit der Unerbittlichkeit der Liebe, der Spielplanung eines Theaters folgen; er darf jedoch die technischen Möglichkeiten des Theaters und die persönlichen Möglichkeiten der Schauspieler nicht außer acht lassen.

Lassen Sie mich kurz auf meine unselige *Nichte Susanne* kommen, deren Aufführung ich auf mein Konto nehmen muß. Sie sehen das Werk mit Recht etwas verwundert in meinem Spielplan. Wie bin ich darauf gekommen, es aufzuführen? Ohne prinzipiellen Standpunkt, den einzunehmen bei einem solchen Werkchen schwerfällt, griff ich nach diesem relativ leicht zu besetzenden Stückchen, das augenblicklich über unzählige Bühnen Deutschlands geht, um ein nicht zu schweres Stück im Repertoire zu haben, dessen Gängigkeit es mir zu Anfang ermöglichen konnte, meine ernsten Pläne zu verwirklichen, denn ich stand bei meiner Amtsübernahme vor der Tatsache, daß nicht eine einzige Schauspielaufführung der vergangenen Spielzeit eine Wiederaufnahme etatlich gerechtferigt hätte; aus künstlerischen Gründen war nur eine Wiederaufnahme von Schallas *Weber*-Inszenierung zu rechtfertigen, sie wurde durch Erkrankungen im Personal bis jetzt leider verhindert. Ich habe mit der Aufführung von *Lied der Taube* Glück gehabt. Das Theater, dem ich mich auch etatlich verpflichtet fühle, ist bei zweiundvierzig Aufführungen bis jetzt ausverkauft gewesen. Würde aber einer der Darsteller krank, müßten die Kammerspiele geschlossen werden. Ich hätte gewiß eine glücklichere Wahl treffen können und vielleicht auch treffen müssen, obschon ich in den künstlerischen Regionen, in denen dieses Stück spielt, nicht sehr zu Hause bin und obschon es mir schwerfällt, zu unterscheiden, warum *Herzkönig* oder *Besuch am Abend* tragbar sind und *Meine Nichte Susanne* nicht. Ich habe einen Fehler gemacht, aber er liegt woanders, als einige von Ihnen es sehen. Die Aula der Luisenschule, die ich für meinen Leseabend als ideal empfand, ist zweifellos zu nüchtern und ernsthaft und die Bühne zu sehr Podium, als daß ein solches Stück, ohne aggressiv zu wirken, gleichsam nebenbei dort über die Bretter gehen könnte. Ich hatte selbst auf einigen Proben das lästige Gefühl, persönlich angeredet zu werden. Die Schauspieler treten nicht in das Stück hinein, sondern aus dem Rahmen heraus. Das beabsichtigten sie ebensowenig, wie es die Absicht des Regisseurs war. Offenbar ist es die Absicht der Aula der Luisenschule gewesen. Sie hat sich auf diese Weise gegen das Stück zur Wehr gesetzt, und *Meine Nichte Susanne* ist auch zweifellos eine ungehörige Erscheinung in einer höheren Töchterschule. Wenn Sie das Stück in dem verspielten Raum der Berliner Komödie sehen könnten, würden Sie es als das werten, als was es gemeint ist, nämlich als kleine Entlastung für den schwer arbeitenden Apparat der Städtischen Bühnen nach den großen Aufgaben von *Oedipus*, *Figaro*, *Carlos*, *Scherz / Satire* und *Fliegen*, und vor der großen nächsten Belastung mit *Ariadne*, *Turandot* und *Wie es euch gefällt*. Ich kann mich etwas ruhiger um die Entwicklung des Düsseldorfer Gesamtspielplanes kümmern, wobei die Überbelastung nicht die Schauspieler trifft, sondern einzig und allein den technischen Apparat, die Schreiner- und

Schneiderwerkstätten, die für alle vier Häuser die gleichen sind. Ich habe schon oft darüber nachgedacht, ob es glücklich wäre, einen engeren Kontakt zwischen den Künstlern und ihren Kritikern herzustellen, was in diesem Fall bedeutet hätte, eine Pressekonferenz einzuberufen und diese Erklärung vorher abzugeben. Sie werden auch finden, daß dann ich es gewesen wäre, der mit der *Fliegen*-Klatsche nach der armen *Susanne* geschlagen hätte.

Ich habe diesen Teil nicht, um mich zu rechtfertigen, in meinen kleinen Vortrag aufgenommen, denn es ist eine Sache, jenseits von Recht und Unrecht. Aber es gehört zu meinen idealen Forderungen an die Kritik, sich so viel Wissen um die Situation des Theaters anzueignen, daß sie die Gründe, die mich beispielsweise veranlassen konnten, *Susanne* aufzuführen, in ihre Ablehnung mit hineinkalkuliert. Wenn sie unter Berücksichtigung dieses Gesichtspunktes ihre Ablehnung der *Susanne* motivieren würde, wären wir auf dem besten Wege zu einer sachdienenden Verbindung zwischen Theater und Presse. Ich glaube nicht, daß dazu ständige Aussprachen zwischen Theater und Presse nötig sind. Es ist mehr eine Sache der eigenen Initiative des Rezensenten, seines wachen Interesses für die Dinge des Theaters, seines Spürsinns. Denn ich bin eigentlich nicht der Meinung, daß ein persönlicher Kontakt zwischen Künstler und Kritiker aufs innigste zu wünschen wäre. Man lernt einen Schauspieler nicht besser beurteilen, wenn man mit ihm Bier trinkt, seine häuslichen Sorgen oder Freuden kennt, seine Räusche oder Depressionen mit durchmacht, und man lernt auch ein Stück selten besser beurteilen, wenn man seine Entstehungsgeschichte, seine Proben miterlebt. Ich habe oft feststellen können, daß strenge und sachliche Kritiker, die sich dem praktischen Theater zuwandten und der Entstehung einer Aufführung von Anfang an beiwohnten, viel milder und kritikloser wurden, als sie es je gewesen waren, und daß ihr Urteil an Objektivität verlor. Denn natürlich ist die Entwicklung, die ein Stück von der Leseprobe bis zur Generalprobe durchmacht, sehr groß und für den Nichtfachmann oft verblüffend; aber die Entwicklung von der ersten bis zur letzten Probe sagt nichts über den Wert einer Aufführung.

Ich selbst bin mir über das Phänomen des Schauspielers nicht klar, dieser Transfiguration des *homo ludens* (die im übrigen so weit von dem philosophischen Begriff entfernt ist, daß Huizinga den Schauspieler in seinem Werk nicht einmal erwähnt). Ich lasse also sehr ungern Blicke in unsere Werkstatt tun. Und ich glaube nicht, daß sie zu etwas führen. Sie werden nicht glauben, wie verschieden die Beurteilung, die wir im Haus über eine Aufführung, über einen Schauspieler und seine Arbeitsweise haben, von der ist, die eine Aufführung, ein Schauspieler und seine Arbeitsweise in der Kritik oder beim Publikum finden. (Von manchem Schauspieler, dem der Stempel kreatürlichen, unmittelbaren Schaffens aufgedrückt ist, wissen die Auguren, daß er ein ausgepichter, kalter Theaterhase ist. Und mancher Schauspieler, dem man eine intellektuelle Arbeitsweise zuschreibt, hat eine ganz andere Methode.) Es ist für die Aufführung auch gleichgültig, mit welchen Mitteln die Wirkung erreicht wird, vorausgesetzt, die Wirkung ist nobel, anständig und dem Werk entsprechend. Für den Betrachter mag es persönlich interessant sein, das Auf und Ab der Entstehungsgeschichte eines Stückes mitzuerleben; für seine Objektivität ist es eine Belastungsprobe.

Wenn ich das an mir selbst erläutern darf: ich bin meiner Überzeugung nach – die Überzeugung teilen die Menschen, die mich kennen und mit mir arbeiten – in meinem Schaffen völlig intuitiv; ich bilde mir ein, nichts zu errechnen und nichts auszuklügeln, ich habe als Schauspieler in meinen Büchern keine Bemerkungen wie ‚laut' oder ‚leise' oder ‚rechte Hand hoch und linke senken'. Ich habe als Regisseur nicht einmal ein Regiebuch, ich inszeniere am liebsten ein Werk nach dem ersten Duft, den ich von ihm habe. Es ist mir lästig, vorher ein Bühnenbild, eine Konstruktion zu entwerfen. Am liebsten würde ich auf eine leere Bühne kommen und Tisch, Stuhl, Tür und Tasse erst dann in Erscheinung treten lassen, wenn ich sie spielmäßig benötige. Man nennt mich aber einen intellektuellen Künstler. Man sagt mir, daß ich von meiner Art zu schaffen völlig losgelöst diese Wirkung habe. Ich bin nicht einmal klug – klug ist Einstein –, ich bin bestenfalls nicht dumm. Ich befinde mich in dem tragischen Zustand jener Halbbildung, die allgemein das Kennzeichen unserer europäischen Intelligenz ist. Ich habe immer zuviel zu tun gehabt, um mich von Grund auf zu bilden. (Und das ist auch der Grund, weswegen ich mich mehr auf meine Intuition verlasse als auf meinen Intellekt.) Aber ich bin sehr mißtrauisch und bis zur Feindseligkeit empfindlich gegen alles Unkontrollierbare, Dumpfe, Dunkle, das bei uns unter dem schönen Wort ‚Gefühl' mit durchgeht. Und ich bin es heute mehr denn je, denn immer wieder ist es diese deutsche Eigentümlichkeit gewesen, auf die spekuliert worden ist und mit der spekuliert wurde. Ich möchte geradezu meine Abneigung gegen das Vage und Unkontrollierbare auf mein Programm setzen, wenn es nicht mein Programm wäre, kein Programm zu haben.

Ich möchte vor allem unserer Jugend immer wieder zurufen: seid auf der Hut! Ihr habt mit Mythos und Mystik, mit Urschlamm und Chaos so fürchterliche Erfahrungen gemacht, daß ich für mein Teil ganz bescheiden zur ‚Ordnung' rufen möchte.

Vor Jahren habe ich einmal in einer französischen Literaturgeschichte gelesen, deren Verfasser die Feststellung machte, daß überall in der Welt der Mann es sei, der die großen Werke schaffe. Der Mann Tolstoi, der Mann Balzac, der Mann Rodin, der Mann Michelangelo, der Mann Shakespeare, und nur in Deutschland gäbe es, und gäbe es immer wieder, den jungen Goethe, den jungen Schiller, den jungen Kleist, den jungen Büchner, den jungen Hölderlin. Nur hier vermöge das Stürmen und Drängen edler Jünglingsnaturen das Gesicht einer ganzen Epoche zu prägen und in den nachfolgenden eine Flut von Epigonen zu erzeugen, die nicht mit ihrer Leistung, sondern durch ihren Anspruch die Welt beunruhigten; und der Literaturhistoriker beschließt seine Betrachtung etwas verärgert mit dem Satz: enfin, le deutsche Jüngling, m'embête. – Nun, ich teile gewiß nicht die Meinung dieses Franzosen über den deutschen Jüngling, besonders dann nicht, wenn der

Sturm und Drang sich so schöpferisch äußert. Aber ich würde von Herzen wünschen, daß es den jungen Deutschen gelänge, aus dem Chaos in die Ordnung zu kommen und aus dem Sturm und Drang in die hellere und menschenwürdigere Luft des Geistes.

Heute ist das Mißtrauen gegen alles Überlieferte, gegen das sogenannte Alt-Ehrwürdige und Hergebrachte in unserer Jugend so verbreitet, daß es – wie könnte es anders sein – ins Extreme überzuschlagen droht. Aus Bezirken, die ihr verdächtig wurden und denen sie deshalb skeptisch gegenübersteht, flüchtet die Jugend in jene nihilistischen, anarchischen, die einen Schwarzmarkt des Geistes zu konstituieren drohen. Aber ich glaube zu fest an das Göttliche im Menschen – ich kann auch sagen, an das Menschliche im Menschen –, so daß ich der Ansicht bin, dieser Zustand ist vorübergehend.

Aber sicher beschleunigen wir die glücklichere Entwicklung unserer Jugend nicht durch Beharren auf unseren traditionellen Standpunkten, sondern eher durch das Eingehen auf ihre Nöte. Anstatt uns mit Verwunderung über sie aufzuhalten, sollten wir ihr entgegengehen auf einem Wege, der uns und mit uns zugleich sie selber zur Erkenntnis und zum Verständnis ihrer Situation führen kann. Was hilft es ihr, wenn die Kulturinstitutionen in den wenigen

Stunden, die sie zur Verfügung haben, auf diese Jugend Einfluß nehmen, sie mit schönen Worten und schönen Gedanken belehren (von deren Echtheit die Lehrenden überzeugt sein mögen und deren Echtheit auch zweifellos ist), wenn diese Jugend dann in die Realität des Lebens tritt, die so anders ist als das, was man sie lehrt, und diese so ganz andere Fertigkeiten von ihr verlangt, als ihr beigebracht wurden. Vielleicht hat diese letzte Exkursion auch wieder nichts mit meinem Thema zu tun. Insofern aber doch, als es die Worte eines unwilligen Mannes sind, der es sich zur Aufgabe gemacht hat, gegen das Vorurteil anzukämpfen: Bildung, Humanität und – um endlich das Wort auszusprechen – Form seien etwas Verdächtiges und Verächtliches. Form ohne Inhalt wäre es natürlich. Aber welcher Mann, der um Formprobleme ernsthaft ringt, tut das, wenn nicht des Inhalts wegen. Die Diskussion um das Problem der Form ist in keinem künstlerischen Beruf so gefährlich wie in unserem, denn es gibt keinen Beruf, bei dem die Beherrschung des Handwerklichen – in diesem Fall des simplen Gehenkönnens, Sprechenkönnens – so sehr Mißdeutungen ausgesetzt ist wie beim Schauspieler. Jeder Schuster, wenn er seinen Beruf ausüben will, muß zunächst einen Schuh machen können, und erst von dieser Voraussetzung aus gibt es gute und schlechte Schuster. Aber beim Schauspieler ist es möglich, körperliche Ungeschicklichkeit, sprachliches Unvermögen, schlechte Diktion als persönliche Note zu werten.

Wie verdächtig sind Lobsprüche wie: ein Schauspieler sei gewandt, er beherrsche alle Register seines Könnens, seine Stimme gehorche jeder Regung, er verlöre nie die Kontrolle über sich. Und wie ehrlich und bieder es klingt, wenn es heißt: unter Verzicht auf alle schauspielerischen Mittel, mit einem schwerfälligen Körper, einer heiseren Stimme hat der Künstler erschütternde Wirkungen erzielt. Möglicherweise hat er das, aber ich hoffe, nicht wegen seiner Ungeschicklichkeit, sondern trotz seiner Ungeschicklichkeit.

Um noch einmal direkt zum Thema zu sprechen: auch der Theaterkritiker sollte mißtrauisch sein (allerdings habe ich bei ihm am wenigsten das Gefühl, ihn zum Mißtrauen aufrufen zu müssen), auch er sollte gerade heute mißtrauisch sein gegen alles Nebulöse, Verschwommene, Unklare, Zweideutige, gegen alles das in uns, womit in den letzten zehn Jahren so verbrecherische Geschäfte gemacht wurden.

Glauben Sie mir, der Feind steht nicht in Richtung *Susanne*, der Feind ist genau da, wo weltanschaulich klar fundierte Werke durch eine unsachliche Interpretation in ihrem innersten Kern gefährdet, verfälscht, verwässert und veropert und damit dem echten Verständnis des Publikums, an das der Dichter appelliert, entzogen werden. Es kommt heute einzig darauf an, die Stimme des Dichters sprechen zu lassen, unverfälscht, ohne etwas zu verschweigen und ohne etwas hinzuzufügen.

Das Geheimnis der Kunst entschleiert sich leichter in der strengen Form. Und in der sachlichen Interpretation wird das Wunder des Geistes am ehesten transparent; die Wunder des Blutes aber sind es, die all das Angestrebte erst ermöglichen, so wie der Inhalt erst die Form notwendig macht.

Dieser Aufruf zur Sachlichkeit, die Mahnung zum Verzicht auf das Ausreiten aller persönlichen und individualistischen Eigentümlichkeiten, dieses im Kontaktbleiben mit der Realität des Lebens und der Bühne ist es, was ich als Hauptforderung an die Kritik stellen möchte. Man kann über Maß und Form und über das Geheimnis der Verwandlung von Natur und Kunst nichts Endgültigeres sagen als Goethe in seinem Sonett aus *Was wir bringen:*

Es gibt wohl nur ein redliches Bemühen!
Und wenn wir erst, in abgemeßnen Stunden,

Mit Geist und Fleiß uns an die Kunst gebunden,
Mag frei Natur im Herzen wieder glühen.

So ist's mit aller Bildung auch beschaffen.
Vergebens werden ungebundne Geister
Nach der Vollendung reiner Höhe streben.

Wer Großes will, muß sich zusammenraffen;
In der Beschränkung zeigt sich erst der Meister,
Und das Gesetz nur kann uns Freiheit geben.

AUF DER SUCHE NACH DEM GESICHT DES THEATERS

Rede vor dem Deutschen Bühnenverein Stuttgart, September 1948

Nach dem Zusammenbruch, schon 1945, tauchten überall im Land Schauspielergruppen auf; selbst in kleinen Städten, die bis dahin nie eines gesehen hatten, bildeten sich Theater, und sogar in Dörfern fanden Theateraufführungen statt. Die Initiative dazu ging überall von irgendeinem Schauspieler aus, der in die Gegend verschlagen war. Dilettantische Gruppen wagten sich oft an die schwierigsten Aufgaben. In keinem anderen Land in dieser Situation hätte das so geschehen können; es war die Folge des Provinztheaterwesens im deutschen Theaterleben. Der Lizenzierungszwang änderte wenig daran; die lokalen Theateroffiziere der Besatzung förderten diese Entwicklung womöglich, um mit Leistungen in ihrem Bezirk in den Wettstreit treten zu können. Erst nach der Währungsreform von 1948 war durch die Ordnung auf wirtschaftlicher Basis wieder die Möglichkeit zu einer Strukturbildung auch im deutschen Theaterleben gegeben. Es war die Frage, ob es wieder die alte Struktur sein könnte. Diese Frage ging vor allem den Deutschen Bühnenverein an, der neu gegründet worden war. Gustaf Gründgens stellte sie vor diesem Verband sehr ernsthaft, und zwar nach seiner Art auf der Basis realer Verhältnisse. Er entwickelte nicht sein Programm eines deutschen Nationaltheaters, sondern sprach seiner Art entsprechend nur davon, wie die Dinge damals in allen Theatern lagen; durch seine Erörterungen des bekannten Alltäglichen klangen aber für den, der zu hören vermochte, seine ernsten Forderungen. Aber die allgemeine Entwicklung drängte zum raschen Aufbau auf alten Fundamenten, und regionale Wirtschaftsfragen nahmen immer stärker den Vordergrund ein.

Ich habe die mir übertragene Aufgabe, im Rahmen der Bühnenvereinstagung zu sprechen, gerne übernommen, um damit zu dokumentieren, für wie wichtig ich es halte, daß auch die Künstler sich organisieren und zusammenschließen, und zwar in Verbänden, die keine Zwangsorganisationen sind, in denen aber gerade die Freiwilligkeit eine Garantie für eine aktive Mitarbeit bedeutet. Mir scheint dieser Zusammenschluß und die sich daraus ergebende Zusammenarbeit, auch mit unserer Schwesterorganisation, der Deutschen Bühnengenossenschaft, heute besonders nötig, weil wir wieder einmal ganz am Anfang stehen: noch mehr am Anfang stehen, als jeder von uns glauben will.

Wir sind ja eigentlich keine Anfänger mehr, und so erliegen wir gerne der Täuschung, daß das, was wir in unserem langen Theaterleben erfahren haben und zu wissen glauben, so etwas wie eine Fortsetzung unserer bisherigen Arbeit ermöglichen könnte.

Und gerade durch diesen Fehlschluß geraten wir in die Gefahr, uns von den jungen und neu hinzukommenden Kräften des Theaters, von denen letzten Endes die Zukunft unseres Theaters abhängt, zu entfernen, denn die Katastrophen der letzten anderthalb Jahrzehnte haben uns in den Augen der Jugend nicht gerade kreditwürdiger gemacht. Wir müssen uns mit diesen jungen Menschen zusammen auf eine Schulbank setzen und unsere Prüfung noch einmal neu ablegen. Erst dann wird unser Mehrwissen – beileibe nicht unser Besserwissen – auch für die Neuentwicklung, die unser Theater notwendig durchmachen muß, fruchtbar gemacht werden können.

Ich wage zu behaupten, daß vielen von uns die große Zäsur des Jahres 1945 noch gar nicht genug ins Bewußtsein gedrungen ist. Kaum waren die Kriegshandlungen beendet, sprangen die meisten von uns wieder auf die Bretter und agierten weiter, fast als wäre nichts geschehen.

Nun gibt es ein Art, die Dinge zu sehen, die diese Tatsache, diese Lebendigkeit, diese Aktivität und Kunstfreudigkeit in einem sehr positiven Lichte erscheinen läßt. Trotzdem habe ich manchmal gedacht: wir hätten erst eine Zeitlang ruhig atmen und nachdenken sollen und dann wieder neu beginnen. Aber da wir schon wieder mittendrin sind, oder wenigstens glauben, es zu sein, sollten wir mit offenen Augen und wachen Sinnen an unser Werk gehen. Unsere Kunst, die sich eng an die Realität von heute, von 1948 zu halten hat, wird in ihrer inneren Haltung und ihrer Gestaltung kaum lieblich sein können, denn wir sehen um uns herum wenig Liebliches. Darum sollten wir sehr tolerant und behutsam sein, wenn ein neuer Dichter uns nicht gleich Wege weisen und uns nicht aufbauend beglücken kann, sondern uns die Qual seiner Generation, klagend und anklagend und ziel- und planlos, auf die Bühne schleudert. Wir sollten froh sein, daß er überhaupt angefangen hat zu gestalten, zu dichten. Ich gehöre nicht zu den Leuten, die bedauern, daß die Schreibtischschubladen unserer Dichter leer sind. Wäre es nicht schrecklich, wenn schon die Tragödien der letzten Jahre in drei Akten gemeistert wären? Ich fürchte, man erstickt mit dem verständlichen Ruf nach Aufbau den einfachen kreatürlichen Schrei gequälter Jugend, der erst einmal heraus muß; und der tiefere Grund für das Beiseitestehen und Abwarten großer Teile der jungen Generation ist, daß man schon wieder etwas von ihr erwartet, daß man Forderungen an sie stellt, die sie noch nicht erfüllen kann. Es sollte ihr Recht sein, die zertrümmerte Welt, die ihr als Erbe zufiel, zu prüfen, zu wägen und aus sich ihre Entschlüsse zu fassen. Jahrelang hat diese Jugend einreißen und zerstören müssen, jetzt soll sie ebenso geschwind aufbauen und Entscheidungen treffen. Sie wird es von alleine tun, wenn sie soweit ist. Es ist ihr Wesen, ihre natürliche Bestimmung, das zu tun. Auch ihr fehlt die Atempause, die unserem seit Jahrzehnten überforderten und überanstrengten

Land im ganzen notwendig wäre, uns jedoch nicht vergönnt zu sein scheint. Noch atemlos und halb betäubt von den Erlebnissen der letzten Jahre, krochen wir aus unseren Kellern heraus, und mit einem zweifelnden Blick zum Himmel, aus dem es schon wieder zu donnern droht, begannen wir neu zu planen und aufzubauen, den Ameisen gleich, einem Naturgesetz folgend.

Aber damit das Planen und Aufbauen sinnvoll werde, müssen wir uns zunächst auf uns selbst besinnen und das zu Hilfe rufen, was den Menschen von der Ameise unterscheidet, den Geist. „Jene Fähigkeit und göttliche Vernunft, die uns nicht gegeben ward, um ungebraucht in uns zu schimmeln." Als gebrannte Kinder brauchen wir neben dem Glauben, den man uns schon wieder abverlangt, auch den Zweifel, die Selbstkritik, und wir wollen sie in unseren Herzen wachhalten. Das ist der Standpunkt, von dem aus wir auch die Situation unseres Theaters ansehen und von dem aus wir uns fragen müssen, was als Nächstes und Wichtigstes zu tun ist, und wo die Gefahren für unsere Arbeit liegen.

Der größte Feind einer neuen Theaterentwicklung ist unsere Originalitätssucht; der Wunsch, neu zu sein um jeden Preis; auch um den Preis des Werkes, das wir zu interpretieren hätten. Wir haben nie das Glück einer kontinuierlichen Entwicklung unseres Theaters erlebt, wie zum Beispiel das französische Theater sie gehabt hat, wo zwischen den Künstlergenerationen Kameradschaft untereinander besteht. Eine Tatsache, die heftige künstlerische Fehden nicht ausschließt. Nur haben die jungen französischen Dichter und Schauspieler die Werke ihrer älteren Meister nicht verbrannt und die Meister selbst außer Landes gejagt, sondern sie haben frühere Leistungen weiterentwickelt und gegebenenfalls überwunden, auf jeden Fall haben sie auf ihnen gefußt.

Wir erleben, daß die Werke der modernen Franzosen, nachdem jahrelang kein Franzose bei uns gespielt wurde, wieder auf unseren Bühnen erscheinen; Werke, die in Frankreich Glieder einer Kette sind. Infolge einer jahrzehntelangen Abgeschlossenheit kennen wir die Zwischenglieder nicht und wissen nicht, wie das eine Werk aus einem der vielen anderen entstanden ist, wieviel Vorarbeit ein Dichter für einen anderen geleistet hat. Wir überschätzen infolgedessen den formalen Wert eines neueren Werkes als etwas Originales und geben diesem in unseren Inszenierungen eine Bedeutung, die dem französischen Autor ferngelegen hat. Er wollte gar nicht originell sein, wie es uns scheinen will. Er ist nur auf einem uns unbekannt gebliebenen Wege einen Schritt weitergegangen als sein Vorgänger.

So kommt es dann in den deutschen Aufführungen solcher Werke zu einer falschen Modernität. Es hat mir so gut gefallen, daß Sartre auf die Frage, ob die Aufführung der *Fliegen* in Paris klassisch oder romantisch gewesen sei, die Antwort gab: „Die Aufführung war entschieden klassisch und entsprach damit ganz meinen Absichten und meiner Auffassung.“ Wenn Sartre eine moderne Pariser Aufführung klassisch nennt, so versteht er darunter gewiß nichts Historisierendes oder Akademisches, sondern er will sagen, daß die Aufführung geprägt und geformt war von der kontinuierlichen organischen Entwicklung der französischen Theaterkultur. Das Werk ist durchaus heutig und original; aber die Interpretation sieht der Autor als auf dem Boden der klassischen Theatertradition seines Landes stehend.

An einer solchen Tradition zu arbeiten ist für unser Theaterleben die wichtigste Aufgabe. Es gibt dafür auch in unserer Theatergeschichte viele Vorbilder, an die man anknüpfen kann.

Dafür kann man eine Forderung nicht oft genug wiederholen: daß werkgetreu inszeniert werden soll; das heißt, ein Werk ist so zu interpretieren, wie es vom Dichter gemeint ist. Unsere Arbeit ist nicht dann schöpferisch, wenn wir eine Dichtung vornehmen und uns mit ihr in Szene setzen, sondern unser Beruf beginnt dann, schöpferisch zu werden, wenn es gelingt, vom Dichter Geschautes und Gewolltes in einer Aufführung zu verdeutlichen oder gar zu steigern.

Ich finde es heute nicht so wichtig, ob in Deutschland gut oder schlecht Theater gespielt wird. Viel wichtiger ist, ob richtig oder falsch Theater gespielt wird. Ich habe neulich in einer kleinen Stadt gastiert, und was dort gespielt wurde, war recht und schlecht, aber unverwechselbar Goethes *Iphigenie*. Ich habe in einer großen Stadt die Aufführung eines modernen Werkes gesehen, und es war eine Demonstration spielleiterischer Eitelkeit und Ignoranz.

Ich kann zwischen Bühnenwerken in Worten oder Tönen keinen prinzipiellen Unterschied finden. Ihre Interpretation steht jedenfalls unter dem gleichen strengen Gesetz. Selbst der ich-besessenste Neuschöpfer am Dirigentenpult würde sich niemals mit Mozart und Beethoven, mit Strawinsky und Hindemith das erlauben, was mancher Spielleiter, der sich eben freigeschwommen hat, mit einem dramatischen Dichter anstellt. Und hier also mein Protest und meine Bitte: lieber weniger glänzend aber richtig, als faszinierend und falsch. Zunächst, bevor an eine Deutung gedacht wird, müssen die Noten gespielt werden. Das ist meine Begründung für die Forderung an die Kollegen vom Theater, werkgetreu zu inszenieren. Herbert Ihering hat in einem Aufsatz über Regie den Ausdruck ‚anwendbar' gebraucht: anwendbare Regie. Damit meint er eine Art von Regieführung, die nicht in der eigenen Handschrift eigenwillig und stark sein muß, dafür aber um so nützlicher für die Allgemeinheit des Theaters: anwendbarer. Eine Art Regie, die auch von anderen Regisseuren und Bühnen übernommen werden kann, ohne daß eine bloße Kopie entsteht. Es ist ein prinzipiell falscher Standpunkt, daß ein Spielleiter eine einmal gefundene Regielösung für ein Werk nicht übernehmen könne, sondern es sich schuldig wäre, eine andere zu suchen; auf solche Weise wird der bereits beschrittene Weg zu einer künftigen Tradition aus persönlicher Eitelkeit gleichsam durch Barrikaden persönlicher Auslegungen und Regie-Einfälle verbaut. Die Forderung nach anwendbarer Regie, nach stilbildender Regie also, scheint mir vordringlicher zu sein als die Suche nach unverwechselbaren, einmaligen Genies. Diese werden immer die großen Glücksfälle des Theaters bleiben; ihre Wirkung auf das Theater aber liegt in der Kraft ihrer Persönlichkeit, in der Größe ihrer Kunst, in der Unerbittlichkeit ihrer Forderung an sich und an die Kunst. Ihre Wirkung als beispielgebende Einzelerscheinungen ist größer, als wenn man ihre künstlerischen Deutungen, die von ihrer einmaligen Persönlichkeit getragen werden, in billigen Ausgaben kopiert, verfälscht und mißverständlich macht.

Was hätten die vielen – ich muß sagen: zu vielen – deutschen Theater und Theaterchen für eine Berechtigung, wenn jedes für sich allein arbeiten und jedes für sich allein das Gesetz der Kunst entdecken wollte, wenn nicht alle daran zusammenarbeiten würden, das künstlerische Gesicht des deutschen Theaters zu bilden. Das Stadttheater in X-hausen und die Kammerspiele in Y-dorf sind für sich, abgesehen von der Publikumsbefriedigung, blanker Unsinn; erst in dem, was sie an der Vorbereitung des gesamten deutschen Theaters leisten, bekommen sie ihre Bedeutung. Dazu muß aber der Kollege aus X-hausen sich über die Situation des Theaters in Deutschland orientieren und in Verbindung mit den Bestrebungen seiner Kollegen arbeiten, und nicht von X-hausen aus die Welt mit einer neuen Kunstrichtung beglücken wollen.

Das Theater jedes Landes hat sein eigenes und unverwechselbares Gesicht. Wir haben unser Gesicht verloren. Und es kommt jetzt nicht darauf an, uns eine amerikanische oder französische oder russische Maske vorzubinden, sondern unser eigenes Gesicht zu suchen. Daß wir heute beglückt feststellen dürfen, die Welt habe sich für uns wieder geweitet, und wir dürfen wieder Anregungen aus der Kunst der ganzen Welt nehmen, ist für uns nur eine Verpflichtung mehr.

Es ist ganz in der Ordnung, daß wir, auf der Suche nach unserem Gesicht, uns Werke ausländischer Autoren und deutscher Autoren, die uns lange vorenthalten wurden, aufmerksam vorspielen. Aber die amerikanischen Autoren zum Beispiel wären gewiß ganz erschrocken darüber, wenn sie erführen, für wie originell und bedeutend wir sie halten. Sie haben gewiß, mehr noch als ihre französischen Kollegen, nur den einen Wunsch, möglichst einfach und unmittelbar aus der Nähe ihres alltäglichen Lebens heraus zu schaffen, und es ist sicher kein Zufall, daß die Helden ihrer Stücke – ein unglücklicher Ausdruck für diese Hauptrollen – meistens ‚Menschen wie Du und Ich' sind.

Wie können wir uns, nach dem, was jeder von uns erlebt hat, noch wundern, daß auch diesen Menschen auf der Bühne Dinge zustoßen, die im Sinne unseres ‚bürgerlichen Schauspiels' ungewöhnlich sind, daß wir sie in Situationen und mit Partnern antreffen, die uns auf den ersten Blick unnatürlich erscheinen wollen. Wer von uns ist schon für das Schicksal, das er erlebt hat, gebaut gewesen? Mir sind in meinem ‚bürgerlichen Heldenleben' mehr Dinge passiert, als ich mir in meinen kühnsten Träumen hätte vorstellen dürfen; und ich gehe immer noch auf meinen zwei Beinen, ich esse und schlafe und lebe meinen Alltag weiter.

Der russische Dichter Tschechow sagt: Man muß im Drama das Leben darstellen, wie es ist, und die Menschen so, wie sie sind. Aber im Leben wird nicht in jeder Minute geschossen, gehängt oder eine Liebeserklärung gemacht; man sagt auch nicht in jedem Augenblick gescheite Sachen. Die Menschen essen mehr, trinken mehr, schlagen sich mehr durchs Dasein, reden mehr dummes Zeug. Mag sich auf der Szene alles genau so kompliziert und dabei ebenso einfach gestalten, wie auch im Leben. Die Menschen essen zu Mittag, nichts mehr und nichts weniger, aber während sie das tun, fügt sich ihr Glück und zerschlägt sich ihr Leben.

Wir sollten alles, was in diesen Stücken geschieht, selbstverständlich nehmen. Wir sollten uns den Glauben ihrer Dichter zu eigen machen, daß es eben so ist, wie es ist. Aber bei uns wird, wenn ein

Toter in einem Stück auftritt, eine philosophische Schule eröffnet. Ich glaube nicht, daß sich Mr. Osborn bei seinem *Tod im Apfelbaum* halb so viel gedacht hat wie unsere Rezensenten. Ist der Tod nicht jedem von uns in mancherlei Gestalt begegnet? Glauben wir doch ruhig Mr. Osborn, daß er ihm so begegnet ist, wie er es erzählt, und nehmen wir das, wenn wir sein Stück aufführen – wozu uns ja niemand zwingt – einfach hin. Mein Eindruck ist, daß in anderen Ländern viel naiver Kunst gemacht wird und daß bei uns mehr Kunst gedacht wird, vor allen Dingen mehr über Kunst geredet und geschrieben wird.

Ein Theatermann sollte sich gewiß nicht beklagen, daß sein Beruf, daß die Arbeit, an der er beteiligt ist, so im Brennpunkt des Interesses steht. Die Kunst ist bei uns so ziemlich das Einzige, in dem wir autark sind. Aber vielleicht dadurch kommt die Überwertung des Theaters zustande. Sie ist ebenso gefährlich, wie Gleichgültigkeit gegenüber unserem Beruf.

Es ist allerdings die liebenswertere Untugend. Wer will es einer Presse, die wieder frei ist, und den neu bestellten Kulturausschüssen und ähnlichen Institutionen verdenken, daß sie sich mit leidenschaftlichem Interesse der ihnen wieder zugestandenen demokratischen Rechte bedienen. Gerade von uns Intendanten sollte es niemand zu ernst nehmen, wenn dabei gelegentlich über das Ziel hinausgeschossen wird. Wir sitzen alle auf der gleichen Schulbank: die Kulturausschüsse, die Stadtväter, die Kultusminister, die Kritiker, die Schauspieler und die Intendanten; das sollten wir nie vergessen, auch wenn wir uns gelegentlich mit Papierkügelchen beschmeißen.

Gewiß, der Intendant, der zwischen der Scylla der öffentlichen Meinung und der Charybdis der behördlichen und betrieblichen Schwierigkeiten sein Theaterschiff auf das freie Meer der Kunst steuern will, wird in Zeiten wie diesen länger in dieser Meerenge – Kunstenge – aufgehalten, als seinen Nerven gut und der Kunst dienlich ist.

Aber warum soll es ausgerechnet in unserem Beruf besser sein als im übrigen deutschen Leben? Allerdings, das muß ich auch sagen, zum Totlachen ist der Posten eines Intendanten unter den heutigen Umständen nicht, und Intendantenkrisen kommen nicht von ungefähr. Die Ursachen, ob es Vertrauenskrisen der Stellen, die für die Betreuung der Kunst verantwortlich sind, oder Nervenkrisen der Intendanten sind, halten sich dabei durchaus die Waage. Die öffentlichen Stellen, die sich oft in ihrem Kulturwillen übernommen haben, sind sich nicht immer ganz klar darüber, ob sie Mäzene oder Präzeptoren der Kunst sein sollen. Die Intendanten haben Mühe, ihre künstlerischen Ambitionen mit den wirtschaftlichen Möglichkeiten oder Unmöglichkeiten ihrer Theater in Einklang zu bringen. Ich glaube, nur wenn man guten Willens und allerdings auch guten Könnens ist, wird man über diese Krisen hinwegkommen. Man muß nicht gleich jeden Fehdehandschuh aufnehmen, der einem hingeworfen wird. Sonst kommt man aus dem Bücken nicht mehr heraus.

Es hat in der letzten Zeit wiederholt unerfreuliche Spannungen zwischen den Theatern und der Presse gegeben, und man hat auf der Seite der Theater hier und da geglaubt, einen Kritiker, dem die Leistungen des Theaters oder seine Aufführungen nicht gefielen, am Besuch des Theaters hindern zu sollen.

Es gibt nichts, was so falsch wäre. Man muß, wenn nicht ausgesprochen Bösartigkeit am Werke ist, in solchen Fällen Nerven genug besitzen, auch Dinge hinzunehmen, die ungerecht erscheinen; und was den Kritiker angeht, sage ich mir: nimmt er sich wichtig, brauche ich ihn nicht mehr wichtig zu nehmen; nimmt er die Sache wichtig, ist er, auch wenn er mich angreift, ein Kind aus meiner Klasse.

Wir können und dürfen nicht verlangen, daß jeder unserer Zuschauer in jedem Augenblick sich der Schwierigkeiten bewußt ist, unter denen wir schaffen, und wir können und dürfen uns nicht verhehlen, daß das, was wir augenblicklich schaffen, notwendig Stückwerk und anfechtbar sein muß. Auch unsere Theater müssen, wie unsere Städte und unser ganzes Land, enttrümmert werden, und wir haben noch alle Arbeit vor uns. Das sollten sich alle am Theater Beteiligten immer wieder vor Augen halten, vor allem die Leute mit den ‚absoluten Forderungen', die immer von Kunst sprechen, wo ich noch dabei bin, über Leinwand, Leim, Nägel und Glühbirnen nachzudenken. Während ich darüber nachdenke, wie sich für unsere Arbeit die physischen und hygienischen Voraussetzungen schaffen lassen, wollen diese Unentwegten unsere Not schon wieder verwertet und künstlerisch umgesetzt wissen. Ich bin immer bereit, aus der Not eine Tugend zu machen, aber ich lehne es ab, aus der Not einen Stil zu machen. Dazu steht nicht im Widerspruch, wenn ich eine strenge Anpassung an die Realität von 1948 fordere und jedes Theater, das nicht aus dieser Realität heraus zu seiner künstlerischen Form vorstößt, ablehne. Aber es ist noch ein weiter Weg zu gehen, und ich persönlich bin schon dankbar, wenn sich im Laufe einer Spielzeit in zwei, drei Aufführungen das abzuzeichnen beginnt, was mir als erstrebenswertes Ziel vor Augen schwebt. Die Schließung der Theater im Jahre 1944 hat unsere Ensembles zerstört. Der Krieg hat, wie alle deutschen Menschen, auch die deutschen Schauspieler in alle Gegenden zerstreut, und die Ensembles beginnen sich erst wieder zu bilden. Es wird auch noch eine Zeit vergehen, bis der Verschmelzungsprozeß sich vollzogen hat. Dennoch, oder gerade deswegen ist die Bildung von Ensembles und vor allen Dingen die Erziehung zum Ensemble-Gedanken, zum Ensemble-Geist, die erste Aufgabe eines Theaterleiters.

Ich darf bei dieser Gelegenheit ein Wort über die sogenannten Prominenten sagen. Wie wird man eigentlich prominent, und wer macht einen zum Prominenten? Der Start ist für alle Schauspieler gleich. Sie waren alle bei einem Lehrer oder auf einer Schule, sie waren alle einmal Anfänger, und dann ist es die Begabung und vielleicht auch etwas Glück, was einige von ihnen nach vorne trägt. Aber gerade das sollte sie nicht unbedingt verdächtig machen. Ich kenne viele sogenannte Prominente, die sich nichts sehnlicher wünschen, als in einem Ensemble aufgehen zu dürfen. Sie werden oft einfach dadurch daran gehindert, daß man sie als Prominente bezeichnet und behandelt. Es ist selbstverständlich klar, daß ich nur von echten Künstlern rede und nicht von Stars, die sich vom Theaterleben abgelöst haben und gar nicht mehr den Wunsch zur Einordnung besitzen.

Das Theater ist der natürliche Vermittler zwischen dem Dichter und der Menschheit. Und der Schauspieler hat die Vermittlerrolle zu übernehmen. Auch für ihn ist die Hauptaufgabe, wie für den Spielleiter, Interpret zu sein. Dieser natürliche Grundsatz ist bei vielen verlorengegangen, und es wäre schön, wenn die Schauspieler wieder einsehen lernten, daß es ruhmvoller ist, ein erstklassiger Schauspieler für zweite Rollen zu sein als ein zweitklassiger für erste, und daß der Kunst und auch dem Schauspieler mehr gedient ist, wenn er in einer kleinen Rolle einen hervorragenden Beitrag zum Gelingen des Gesamtwerkes leistet, als wenn er in einer großen Rolle die Absichten des Dichters zu verdeutlichen nicht imstande ist.

Ich kann mich persönlich nicht so ganz in die Lage eines Nur-Intendanten versetzen, da ich durchaus darauf bestehe, ein Schauspieler zu sein, aber ich meine, im Sinne des eben Gesagten ist die vornehmste Pflicht eines Theaterleiters seine kameradschaftliche Beziehung zu seinen Mitgliedern. Er sollte nicht über den Wassern schweben, sondern als primus inter pares mit ihnen leben und ihre Sorgen teilen.

Wir haben einen herrlichen Beruf ergriffen. Für einen echten Schauspieler macht das Glück, auf der Bühne zu stehen, viele Leiden wett, und es wäre mein Wunsch und mein Rat, daß man sich dieses unbändigen Vergnügens immer bewußt bleiben möge, um aus ihm heraus an die schwere Arbeit des Tages zu gehen. Ich glaube nicht, daß dieses Vergnügen, diese Lust an unserem Beruf uns hindert, unseren Beruf ernst zu nehmen. Wir nehmen ihn ernst. Wir wollen uns auch nicht vor einem schönen Wort unserer Sprache scheuen und zugeben, daß wir ihn ‚heilig ernst' nehmen. Aber kaum habe ich das – mit einiger Überwindung – vor Ihnen ausgesprochen, möchte ich gleich hinterherrufen: man soll ihn aber nicht ‚tierisch ernst' nehmen. Das ist eine Berufskrankheit bei uns, dieser falsche Ernst, der tierische Ernst. Er ist die Quelle alles Ärgers im Theater. Wenn wir jedoch mit einem der Sache geziemenden Ernst an unsere Arbeit gehen und uns das Vergnügen, das sie uns macht, nicht weglügen, dann sollten wir wohl imstande sein, die Chance, die jeder Neuanfang in sich birgt, zum Wohle des deutschen Theaters zu nützen.

DAS SUBVENTIONS-THEATER
Zwei Briefe 1951

Zu Beginn des Jahres 1951 – die Theaterwelt in Deutschland blickte auf Düsseldorf, das Düsseldorfer Theater hatte Besucher aus allen Gegenden des In- und Auslandes, und es war wirtschaftlich gesund wie kein Theater in Deutschland. Nach einem derartigen Erfolg in dreieinhalb Jahren trat Gustaf Gründgens zur allgemeinen Überraschung plötzlich zurück. Zunächst hieß es, weil ein neues Theater, das inzwischen gebaut sein sollte, nicht gebaut worden war. Dann war die Rede von Konflikten mit dem Kulturausschuß der Stadt. Gründgens ließ dementieren: das alles sei in Düsseldorf nicht schlechter als in anderen Städten, und er hätte für sich keine Ausnahme beansprucht. Dann wurde von der Presse verbreitet, er lehne das Subventionstheater allgemein ab – als könnte in Deutschland auch nur ein Theater ohne Subvention auskommen. Eine individuelle Situation, wie sie sonst nirgends bestand, schien ihn zu leiten. Aber Gründgens behauptete, einen demonstrativen Kampf für alle Theater aufgenommen zu haben. Am Ende stellte sich heraus, daß es um die bestehende, allgemein übliche Struktur des Subventionstheaters ging.

Nach der Währungsreform kann kaum noch ein Theater an seinem Ort allein ohne Zuschüsse von den Städten oder den Ländern oder von beiden gemeinsam bestehen. In den Städten und Ländern gibt es eine Theaterdeputation oder einen Kulturausschuß unter dem Vorsitz des Kulturdezernenten; er wird von einer der Koalitionsparteien gestellt, und es ist reiner Zufall, wenn er ein Mann mit Organ für das Wesen künstlerischer Arbeit ist; auf jeden Fall ist er mehr oder weniger der Funktionär einer politischen Partei, und zudem ist sein Blick aufs Theater durch den Theateretat bestimmt, und der ist ein Bestandteil des Etats der Stadt oder des Landes und also den ‚Etats-

kunststücken' ausgesetzt; unter Umständen wird der Kulturdezernent auch die Macht, die im Etat liegt, in Spielplanfragen und selbst in künstlerischen Fragen zur Geltung bringen wollen. In diesem Gestrüpp, das alt ist, suchte Gründgens einen Weg, der einer Erneuerung des Theaters entsprechen könnte. Hinter den Verwaltungsfragen steht dabei für ihn der allgemeinere Mißstand, daß bei allen Regierungen die Kultur erst nach der Wirtschaft und nach der Politik rangiert, und daß innerhalb der Kultur die schöpferischen Künste erst nach dem Kultus und nach der Erziehung kommen.

I

An den Leiter der Intendantengruppe des Deutschen Bühnenvereins

Sehr verehrter Herr Intendant Schüler!

Ich mache in diesem Augenblick Ihr Schreiben vom 13. Februar auf, und es scheint mir wichtig genug, Ihnen sofort eine Antwort zu geben.

Der Sinn des Communiqués, zu dem die Stadt Düsseldorf und ich uns entschlossen haben, ist in einer gestrigen Pressekonferenz von Herrn Oberbürgermeister Gockeln treffend dargelegt und heute, Mittwoch, den 14. Februar, in der Rheinischen Post sinnentsprechend wiedergegeben worden. Der Kernsatz lautet: „Der komplizierte Verwaltungsapparat, in den das Theater bis vor kurzem eingespannt war, entspreche offenbar nicht mehr den Ansprüchen, welche die Führung eines modernen Theaters erfordert. Die künstlerische Leistung müsse vor dem Verwaltungsmäßigen rangieren.“

Ich habe mich, ohne einen anderen Rückhalt zu besitzen als den, Gastspiele zu machen – und das ist eine Form des Theaters, die mir zutiefst nicht liegt –, ganz bewußt von einem Intendantenposten freigemacht, um für die Gesamtheit der deutschen Theater im positiven Sinne polemisieren zu können. Der Ton des in Frage kommenden Satzes liegt auf dem Begriff, daß mir die Struktur der subventionierten Theater veraltet erscheint. Ich will auf eine Etat-Ehrlichkeit hinaus. Ich weiß zu gut aus eigener Erfahrung, welche unsinnigen Mehrkosten entstehen dadurch, daß bei einem so lebendigen Wesen, wie das Theater es ist, der Kompetenz- und Instanzenweg eingehalten werden muß, und mir scheint die neue Verwaltungsanordnung, die ich besitze, der erste gangbare Weg. Die augenblickliche Subvention in Düsseldorf beträgt zwei Millionen ohne die Konzerte, und es ist völlig ausgeschlossen, daß beispielsweise ein Opernbetrieb oder Konzertbetrieb ohne Subventionen auskommen kann. Aber was für unproduktive Kosten werden uns Theaterleitern zugemutet. Posten, die auf den Sozial-Etat oder eine Art Volksbildungs-Etat gehörten, werden bedenkenlos auf den Theater-Etat geschlagen. In Düsseldorf zum Beispiel hat man eine Gemeinde-Ordnung herangezogen, nach der die zweihunderttausend Mark, die dem Theater durch Mehrausgabe verbilligter Karten an die Organisationen, Gesellschaft für christliche Kultur' und ,Volksbühne' entstehen, wieder auf das Theater zurückverlegt würden, und das, nachdem sie bereits drei Jahre lang im Sozial-Etat standen. Sie werden es ja aus dem eigenen Geschäftsbereich wissen, wie viele effektiv produktive Kosten Sie haben und was so unter der Flagge Theater-Etat mitsegelt. Sie wissen zur Genüge, in welchem durch keine Sachkenntnis getrübten Übereifer Kulturdezernenten oder auch Oberstadtdirektoren in den Betrieb des Theaters eingreifen. Ich darf bemerken, daß das bei mir nicht der Fall war. Aber ich kenne Fälle aus der Umgebung, in denen ein Oberstadtdirektor sogar die Besetzungsliste abzeichnet. Ich bin unbedingt der Meinung, daß eine Verwaltung öffentlicher Gelder die Geldgeber, also die Städte und Staaten, zu weitgehendsten Kontrollen berechtigt und verpflichtet. Und ich persönlich bin immer froh, wenn diese Kontrollen streng gehalten werden. Ich halte es schon in unserem Interesse für wichtig, bei einem eventuellen Defizit Kulturdezernent und Kulturausschuß als Mitwisser zu haben.

Ich darf zusammenfassen:

Das, was ich, um Ihnen umgehend zu antworten, etwas summarisch geschrieben habe, soll einen wesentlichen Teil meiner künftigen Arbeit ausmachen, und daß ich weder unsozial noch mit einer Front gegen die Rechtsträger als solche taktieren werde, dafür dürfte Ihnen meine bisherige Haltung eine Garantie sein. Ich bin einfach der felsenfesten Überzeugung, daß das Theater, das bei den Etatsbesprechungen in der Stadtverordnetenversammlung der angreifbarste Blickfang ist, auch wirklich nur Etats zugeschrieben bekommen sollte, die seinen tatsächlichen Bedürfnissen entsprechen. Darüber hinaus bin ich allerdings der Meinung, daß beispielsweise in einem Gebiet wie dem hiesigen der Nonsens von acht Opern im Umkreis von fünfzig Kilometern unrentabel ist, und ich muß als Künstler sagen, daß mir vier gute Opern wichtiger scheinen als acht mittelmäßige.

Lieber Herr Kollege Schüler!

Ich improvisiere diesen Brief etwas, um Ihnen umgehend Nachricht zukommen zu lassen. Die Düsseldorfer Veröffentlichung erfolgte durch eine Presse-Indiskretion zu früh, und ich habe augenblicklich noch keine ruhige Minute, um mich zu den Dingen, die ich dezidiert zu sagen wünsche, auch dezidiert zu äußern. Ich hoffe aber, wenigstens mit diesen fragmentarischen Erklärungen Ihre Situation bereinigt zu haben, soweit meine Person darin einen Faktor spielte ...

Düsseldorf, den 14. Februar 1951.

II

An den Präsidenten des Deutschen Bühnenvereins

Sehr verehrter Herr Präsident!

Wie ich erfahre, wird das von mir hier aufgeworfene Problem der Struktur der subventionierten Theater Gegenstand einer Diskussion in Bad Ems sein. Ich möchte dazu meinen Standpunkt genau präzisieren:

Nach zwei verlorenen Kriegen, nach der Weimarer Republik und nach der Hitler-Zeit hat sich eine tiefgreifende soziologische Umschichtung vollzogen. Die Struktur der subventionierten Theater hat sich nicht geändert.

Die immer wieder aufflammenden Krisen in den einzelnen Städten sind der Beweis dafür, daß der alte Anzug dem heutigen Theater nicht mehr paßt. Es ist sicherlich müßig, jedem Einzelfall nachzuspüren, ob hier den Rechtsträger oder dort den Intendanten ein Gran mehr Schuld trifft. Ich persönlich beschäftige mich nur mit der Tatsache der ständigen

Konflikte an sich. Ich darf noch einmal betonen, was ich sowohl über den Nordwestdeutschen Rundfunk wie auch über den Bayrischen Rundfunk dezidiert gesagt habe: Selbstverständlich soll man Länder und Städte nicht von der Verpflichtung für ihr Kulturleben entlasten, und ebenso selbstverständlich ist es, daß die Städte und Länder für die Bürgerschaft, der sie verantwortlich sind, stets einen klaren Einblick in die Finanzgebarung der Theater haben müssen, und daß ihnen immer das Recht zugestanden werden muß, in diese Finanzgebarung einzugreifen, wann immer die Situation es fordert. Ich persönlich bin an einer starken Bindung, was die Finanzseite der Theater angeht, sehr interessiert gewesen, und hier lag auch in Düsseldorf beispielsweise nicht die Quelle des Konfliktes.

Drei Dinge sind es, die ich anstrebe:

1. sollte nicht ausschließlich die dem Wechsel unterworfene politische Zusammensetzung der Ausschüsse in der Wahl des Intendanten und in seiner Behandlung maßgebend sein, sondern diese Ausschüsse sollten auch Bürgerschaftsmitglieder aufnehmen, die ungebunden und nur aus dem schönen Recht, das ihnen die Liebe und Achtung für die Kunst einräumt, beratend mitwirken.

2. geht mein Ziel auf eine größere Etat-Ehrlich-

triebsrat über den Genossenschaftsobmann und den Orchestervorstand auf der einen Seite, bis zum Kulturdezernenten, Kultur-Ausschuß, Oberstadtdirektor etc. auf der anderen Seite. Ich verkenne dabei keineswegs, daß es viele Fälle gibt, in denen ein guter Intendant auf einen guten Kulturdezernenten trifft. Und zweifellos ist es letzten Endes eine Frage der Persönlichkeit, aber bitte auf beiden Seiten. Wo diese Persönlichkeiten gleichwertig aufeinandertreffen, gibt es wenig Theaterkrisen. Aber wie selten ist das der Fall. Und deshalb, meine ich, müßte ein Weg gesucht werden, der auch dem guten Durchschnittsintendanten gerecht wird. Denn dieser ist es, auf dessen Erziehungsergebnisse dann die größeren Theater aufbauen können. Und so gesehen, ist es neben der Persönlichkeitsfrage, über die es ja nur eine Meinung geben kann, zweifellos eine Frage der Struktur, denn man kann die beste Initiative und den besten guten Willen durch ein Gestrüpp von Verordnungen und Bevormundungen ebenso leicht lahmlegen, wie es schwer ist, die vorhandene Begabung freizulegen, zu fördern und zum Wohle der deutschen Theater zu intensivieren.

Vielleicht haben Sie in der Zeitung gelesen, daß mein Schritt, den ich keineswegs um meiner selbst willen unternommen habe, außer der großen Reso-

nanz, die er fand, zu einem zum mindesten diskutierbaren Ergebnis geführt hat, nämlich, daß sich Land, Stadt, Privatwirtschaft und Deutscher Gewerkschaftsbund gemeinsam an einen Tisch gesetzt, nach einer Lösung dieses Problems gesucht und auch eine vorgeschlagen haben. Hierzu möchte ich das für mich Entscheidende feststellen: ich würde keine noch so glückliche Konstruktion annehmen, die nicht für das gesamte deutsche Theater ein Beispiel geben könnte. Wenn auch überall die Verhältnisse im einzelnen anders gelegen sind als beispielsweise in Düsseldorf, so läßt sich doch mit gewissen lokalbedingten Änderungen eine Generallinie finden.
Ich vermag heute noch nicht zu überschauen, ob die hier vorgetragene Lösung dieses Beispiel ist, und auf meiner Suche nach einer Lösung, welche die Möglichkeit hat, allgemeingültig zu werden, werde ich auch diese neue Düsseldorfer Situation prüfen. Aber mein Gesichtspunkt wird immer der sein, daß es nicht um meine Person geht, sondern um die Sache des deutschen Theaters.

Düsseldorf, den 6. März 1951.

INSZENIERUNGEN

Im Staatstheater zu Berlin

30. 5. 1934	*Rebell in England* von Hans Schwarz
26. 9. 1934	*Minna von Barnhelm* von Lessing
23. 12. 1934	*König Lear* von Shakespeare
4. 10. 1935	*Himmel auf Erden* von Jochen Huth
7. 11. 1935	*Egmont* von Goethe
6. 12. 1935	*Gyges und sein Ring* von Hebbel
3. 6. 1936	*Der tolle Tag* von Beaumarchais
27. 10. 1936	*Hans Sonnenstößers Höllenfahrt* von Paul Apel
9. 6. 1937	*Was ihr wollt* von Shakespeare
29. 9. 1937	*Emilia Galotti* von Lessing
29. 10. 1937	*Die Kameliendame* von Alexander Dumas
7. 4. 1938	*Der Siebenjährige Krieg* von Hans Rehberg
1. 12. 1938	*Südfrüchte* von Marcel Pagnol
6. 4. 1939	*Die Königin Isabella* von Hans Rehberg
9. 12. 1939	*Dantons Tod* von Georg Büchner
9. 5. 1940	*Cavour* von Mussolini / Forzano
5. 9. 1940	*Wie es euch gefällt* von Shakespeare
14. 6. 1941	*Alexander* von Hans Baumann
11. 10. 1941	*Faust I* von Goethe
30. 12. 1941	*Die lustigen Weiber von Windsor* von Shakespeare
22. 6. 1942	*Faust II* von Goethe
24. 7. 1944	*Die Räuber* von Schiller

Im Deutschen Theater zu Berlin

1946–1947	*Der Snob* von Carl Sternheim
	Kapitän Braßbounds Bekehrung von G. B. Shaw
	Der Schatten von Jewgenij Schwartz
	Marquis von Keith von Frank Wedekind

In Düsseldorf

16. 9. 1947	*Die Hochzeit des Figaro* von Mozart
7. 11. 1947	*Die Fliegen* von Sartre
13. 4. 1948	*Die Möwe* von Tschechow
20. 5. 1948	*Banditen* von Offenbach
14. 9. 1948	*Der Freischütz* von Carl M. von Weber
15. 9. 1948	*Zwei Herren aus Verona* von Shakespeare
16. 9. 1948	*Frühlings Erwachen* von Frank Wedekind
19. 10. 1948	*Der Snob* von Carl Sternheim
6. 12. 1948	*Der arme Matrose* von Milhaud / Cocteau
14. 1. 1949	*Tasso* von Goethe
13. 4. 1949	*Faust I* von Goethe
8. 6. 1949	*Madame Butterfly* von Puccini
22. 12. 1949	*Hamlet* von Shakespeare
10. 2. 1950	*Der Familientag* von T. S. Eliot
19. 9. 1950	*Der Prozeß* von Kafka / Gide
9. 12. 1950	*Die Cocktail Party* von T. S. Eliot
29. 3. 1951	*Die Frau des Bäckers* von Marcel Pagnol

13. 9. 1951 *Die Räuber* von Schiller
16. 9. 1951 *Wie es euch gefällt* von Shakespeare
1. 12. 1951 *Venus im Licht* von Christopher Fry
5. 1. 1952 *Alpenkönig und Menschenfeind* von Raimund
11. 4. 1952 *Faust I* (Wiederaufnahme) von Goethe
20. 4. 1952 *Heinrich IV* von Pirandello
18. 10. 1952 *Bacchus* von Cocteau
14. 10. 1953 *Der Gattenmord* von Hans Rehberg
29. 11. 1953 *Herrenhaus* von Thomas Wolfe
30. 5. 1954 *Ende gut alles gut* von Shakespeare
15. 9. 1954 *Der Privatsekretär* von T. S. Eliot
23. 10. 1954 *Um Lukrecia* von Jean Giraudoux
15. 1. 1955 *Marschlied* von Joan Whiting
23. 4. 1955 *Der Drachenthron* von W. Hildesheimer

In Hamburg

3. 9. 1955 *Das kalte Licht* von Zuckmayer
27. 11. 1955 *Der Privatsekretär* von T. S. Eliot
26. 1. 1956 *Herrenhaus* von Thomas Wolfe
26. 4. 1956 *Thomas Chatterton* von H. H. Jahn
12. 10. 1956 *Nichts Neues aus Hollywood* von Curt Goetz
21. 4. 1957 *Faust I* von Goethe
29. 9. 1957 *Der Entertainer* von John Osborne
29. 11. 1957 *Faust I* von Goethe
10. 1. 1958 *Dantons Tod* von Georg Büchner
9. 5. 1958 *Faust II* von Goethe
30. 4. 1959 *Die heilige Johanna der Schlachthöfe* von Bertolt Brecht

31. 5. 1959 *Maria Stuart* von Schiller
4. 9. 1959 *Cäsar und Cleopatra* von Bernard Shaw
21. 11. 1959 *Sappho* von Lawrence Durell
21. 5. 1960 *Gyges und sein Ring* von Friedrich Hebbel
22. 11. 1960 *Fräulein Julie* von Strindberg
22. 12. 1960 *Von Bergamo bis morgen früh* von D. Waldmann
1. 4. 1961 *Faust I* von Goethe
18. 4. 1961 *Faust II* von Goethe
20. 11. 1962 *Don Carlos* von Schiller
18. 1. 1963 *Totentanz* von Strindberg
5. 3. 1963 *Das Konzert* von Hermann Bahr
14. 4. 1963 *Hamlet* von Shakespeare
3. 5. 1963 *Don Gil von den grünen Hosen* von Tirso de Molina

HAUPTROLLEN

Im Staatstheater zu Berlin

2. 12. 1932 Mephistopheles in *Faust I* von Goethe
21. 1. 1933 Mephistopheles in *Faust II* von Goethe
13. 10. 1933 Doktor Jura in *Das Konzert* von Hermann Bahr
17. 1. 1934 Friedrich II in *Der König* von H. von Bötticher
15. 2. 1934 Fouché in *Hundert Tage* von Mussolini / Forzano
26. 9. 1934 Riccaut in *Minna von Barnhelm* von Lessing

26. 10. 1934	Bolingbroke in *Das Glas Wasser* von Scribe
4. 10. 1935	Jack in *Himmel auf Erden* von Jochen Huth
16. 11. 1935	König in *Thomas Paine* von Hanns Johst
21. 1. 1936	Hamlet in *Hamlet* von Shakespeare
27. 10. 1936	Hans in *Hans Sonnenstößers Höllenfahrt* von Paul Apel
5. 12. 1936	Don Juan in *Don Juan und Faust* von Grabbe
29. 9. 1937	Prinz in *Emilia Galotti* von Lessing
7. 4. 1938	Friedrich der Große in *Der Siebenjährige Krieg* von Hans Rehberg
29. 10. 1938	Dubedat in *Der Arzt am Scheideweg* von G. B. Shaw
5. 5. 1939	Richard in *Richard II* von Shakespeare
9. 12. 1939	St. Just in *Dantons Tod* von Büchner
4. 4. 1940	Fiesco in *Fiesco* von Schiller
5. 10. 1940	Lukull in *Kirschen für Rom* von Hömberg
4. 5. 1941	Cäsar in *Julius Cäsar* von Shakespeare
14. 6. 1941	Alexander in *Alexander* von Hans Baumann
11. 10. 1941	Mephistopheles in *Faust I* von Goethe
22. 6. 1942	Mephistopheles in *Faust II* von Goethe
3. 1. 1943	Mephistopheles in *Faust I* von Goethe
29. 7. 1944	Franz in *Die Räuber* von Schiller

Im Deutschen Theater zu Berlin

1946–1947	Christian Maske in *Der Snob* von Carl Sternheim
	Oedipus in *König Oedipus*, Sophokles
	Marquis von Keith in *Marquis von Keith* von Wedekind

In Düsseldorf

15. 9. 1947	Oedipus in *König Oedipus*, Sophokles
7. 11. 1947	Orest in *Die Fliegen* von Sartre (Deutsche Erstaufführung)
13. 4. 1948	Trigorin in *Die Möve* von Tschechow
20. 5. 1948	Antonio in *Banditen* von Offenbach
19. 10. 1948	Christian Maske in *Snob* von Carl Sternheim
14. 1. 1949	Tasso in *Tasso* von Goethe
13. 4. 1949	Mephistopheles in *Faust I* von Goethe
25. 10. 1949	Sir Robert Morton in *Der Fall Windslow* von Rattigan
22. 12. 1949	Hamlet in *Hamlet* von Shakespeare
19. 9. 1950	Josef K. in *Der Prozeß* von Kafka / Gide
9. 12. 1950	Sir Henry in *Die Cocktail Party* von T. S. Eliot (Deutsche Erstaufführung)
13. 9. 1951	Franz in *Die Räuber* von Schiller
11. 4. 1952	Mephistopheles in *Faust I* von Goethe
20. 4. 1952	Heinrich IV in *Heinrich IV* von Pirandello
18. 10. 1952	Kardinal Zampi in *Bacchus* von Jean Cocteau
12. 9. 1953	Wallenstein in *Wallenstein*, Schiller

29. 11. 1953 General Ramsay in *Herrenhaus* von Thomas Wolfe (Deutsche Erstaufführung)

6. 2. 1954 Lukullus in *Kirschen für Rom* von Hans Hömberg

15. 1. 1955 General Forster in *Marschlied* von Joan Whiting

In Hamburg

1. 9. 1955 Wallenstein in *Wallensteins Tod* von Friedrich Schiller

26. 1. 1956 Ramsey in *Herrenhaus* von Thomas Wolfe

4. 3. 1956 König Heinrich in *Heinrich IV* von Shakespeare

12. 10. 1956 Clifford in *Nichts Neues aus Hollywood* von Curt Goetz

29. 9. 1957 *Der Entertainer* von John Osborne

29. 11. 1957 Mephisto in *Faust I*, J. W. v. Goethe

9. 5. 1958 Mephisto in *Faust II* von Goethe

4. 9. 1959 Cäsar in *Cäsar und Cleopatra* von G. B. Shaw

10. 11. 1959 Wallenstein in *Wallensteins Tod* von Friedrich Schiller

21. 5. 1960 König Kandaules in *Gyges und sein Ring* von Friedrich Hebbel

21. 10. 1960 Prospero in *Der Sturm*, Shakespeare

1. 4. 1961 Mephisto in *Faust I* von Goethe

18. 4. 1961 Mephisto in *Faust II* von Goethe

20. 11. 1962 Philipp II in *Don Carlos* von Schiller

5. 3. 1963 Albert Heink in *Das Konzert* von H. Bahr

Bibliothek Suhrkamp

Alphabetisches Verzeichnis